140자로 시대를 쓰다

역 사 학 자   전 우 용 의   촌 철 활 인

140자로 시대를 쓰다

© 전우용 2015

초판 인쇄 2015년 8월 17일
초판 발행 2015년 8월 24일

지은이 전우용
펴낸이 황상욱

기획 황상욱 윤해승 **편집** 황상욱 윤해승
디자인 엄자영 **마케팅** 방미연 이지현 함유지 **교정** 이수경
홍보 김희숙 김상만 한수진 이천희
제작 강신은 김동욱 임현식 **제작처** 인쇄 한영문화사 제본 경원문화사

펴낸곳 (주)휴먼큐브
출판등록 2015년 7월 24일 제406-2015-000096호

주소 413-120 경기도 파주시 회동길 210 1층
문의전화 031-955-1902(편집) 031-955-2655(마케팅) 031-955-8855(팩스)
전자우편 forviya@munhak.com **트위터** @humancube44
ISBN 979-11-955931-0-1 03300

■ (주)휴먼큐브는 (주)문학동네 출판그룹의 계열사입니다. 이 책의 판권은 지은이와 휴먼큐브에 있습니다.
■ 이 책 내용의 전부 또는 일부를 재사용하려면 반드시 양측의 서면동의를 받아야 합니다.

이 도서의 국립중앙도서관 출판예정도서목록(CIP)은 서지정보유통지원시스템 홈페이지(http://seoji.nl.go.kr)와
국가자료공동목록시스템(http://www.nl.go.kr/kolisnet)에서 이용하실 수 있습니다. (CIP제어번호 : CIP2015021248)

fb.com/humancube44

140자로
시대를 쓰다

역 사 학 자 　 전 우 용 의 　 촌 철 활 인

전우용 지음

한탄과 울분과 소망을 기록하다

1 ─────

현대 한국인들은 한평생 얼마나 많은 사람들과 대화할까? "안녕하세요"나 "잘 부탁드립니다", "처음 뵙겠습니다" 같은 겉치레 인사말 말고 자기 생각을 그대로 드러내는 말은 또 얼마나 많이 할까? 사실 이런 생애사적 연구를 하기에는 우리가 살아온 '현대'가 너무 짧다. 200년 전쯤에는, 직업에 따라 다르기는 했으나, 한 사람이 평생 동안 알고 이야기를 나누는 사람의 수가 2~3백 명을 넘지 못했다. 인구가 폭발적으로 늘어나고 학교, 군대, 직장, 상가 어느 곳이나 사람으로 북적대는 현대에도, 막상 생각과 느낌을 나누는 사람의 범위는 그리 넓지 않다. 명함을 교환한 사람이나 휴대전화기에 전화번호가 입력된 사람이라 하더라도, 사안마다 그의 생각을 알기는 어렵다. 가족, 지역사회, 직장, 동호회 등의 커뮤니티는 예전보다 훨씬 많아졌지만, 그럼에도 현대인이 옛사람들보다 훨씬 많은 커뮤니케이션의 기회를 누리고 있다고 단언할 수는 없다. 여전히 대화의 폭과 깊이는 제한적이다. 현대인이 옛 사람보다 훨씬 더 많은 정보를 접하는 것은 대등한 커뮤니케이션의 결과가 아니라 기본적으로 일방적인 매스미디어 덕이다.

숱한 부작용 논란에도 불구하고 SNS^{Social Network Service}는 매스미디어의 필터를 제거하고 사람들의 생각을 그대로 접하게 해주었다는 점에서, 적어도 내게는, 혁명이었다. 매스미디어로 접하는 '타인의 생각들'이 기자, 편집자, 광고주, 때로는 그 위의 어떤 압력에 의해 왜곡되고 변질되거나 '다듬어진' 것들인 반면, SNS를 통해 접하는 생각들은 대개 '날것 그대로'였다. 물론 세상의 모든 소리와 모든 생각을 접할 수는 없다. 그러나 더 많은 소리, 더 많은 생각을 접하는 것만으로도, SNS가 열어준 세계는 '신세계'였다.

2 ─────

역사학을 공부하기 시작한 이래, E. H. 카의 "역사란 과거와 현재 사이의 끊임없는 대화"라는 명제를 잊은 적이 없다. 당연히 과거와 현재는 직접 대화할 수 없다. 과거의 사실과 현재의 요구가 대화하는 것이며, 현재의 생각이 과거의 사실을 불러내는 것이다. 역사학자로서, 사람들의 생각과 욕구, 생각의 변화를 탐색하는 일은 흥미로울 뿐 아니라 나 자신의 인식 지평을 넓히는 데에도 도움이 되리라 생각했다. 처음에는 남이 재잘거린^{tweet} 짧은 생각을 읽었고, 그 다음엔 내가 재잘거렸다. SNS가 생각과 생각이 교차하면서 더 나은 생각을 만들어내는 창의적 공간이 되었으면 하는 바람이 조금은 있었다. 그렇게 생각들이 발전하는 공간에 어떤 보잘것없는 역사학자 한 사람의 생각도 끼어들 수 있었으면 하는 바람.

SNS는 대화로만 구축된 네트워크다. 누구의 글도 순수하게 그만의 것일 수는 없다. 이 공간에는 다른 사람의 짧은 글을 읽고 느낀 소감, 다른 사람의 고발에 접하고 함께 느끼는 공분, 다른 사람의 슬픔과 억울함을 함께 나누는 공감, 동의하지 않는 것들에 대한 비난 등이 흘러넘친다. 그 수많은 정보와 생각과 느낌들 속에서, 누구나 그렇듯이, 나는 내 마음과 생각을 움직이는 것들에만 반응했다. 프로필에 '역사학자'라 써놓은 것은, 내 글을 접할 누군가가 "아, 저 사람은 저런 일을 하기에 저런 생각을 하는 거구나"라고 이해해주길 바라서일 뿐이었다. 당연히 한국인, 50대, 남성, 남편, 아버지, 아들, 서민의 한 사람으로서 반응한 글들이 훨씬 더 많다. 그리고 그 어느 경우에도 나는 '그들 중 한 사람'일 뿐이다.

3 ———

휴먼큐브의 황상욱 대표로부터 내가 트위터에 마구잡이로 써놓은 글들을 모아 책으로 내고 싶다는 말을 들었을 때, 한참을 망설였다. 이전에도 비슷한 책을 낸 적이 있으나, 그때는 '역사'에 관련된 것들만을 따로 묶어서, 나름대로 글의 꼴은 갖추었다. 하지만 이 경우는 그야말로 그때그때, 때로는 별 생각 없이, '내뱉은 말'들을 책으로 묶는 일이니 민망하지 않을 수 없었다. 그럼에도 그러기로 했다. 한 가지 이유는, 출판사에게는 고맙고도 미안한 일이지만, 이것이 나 자신에 대한 나 자신의 '기록화 사업'이 될 것이라고 보았기 때문이다. 거의 매일, 함부로 적어놓은 글들을 누군가 대신 정리해 준다는 게 무척이나 고마웠다. 또 하나의 이유는, 문득 시골 구석에 살면서 천하의 일을 빠짐없이 기록하고자 했던 매천梅泉 황현黃玹이 떠올랐던 데에 있다. 물론 나 자신을 매천에 견주는 것은 언감생심이지마는, 그래도 한국의 소시민 한 사람이 2014년에 대해 풀어 놓은 한탄과 울분과 소망을 어딘가에 새겨두는 것도 영 무의미하지는 않을 것이라 생각한다. 혹시 아는가? 후대에 어떤 이가 있어 이 책을 우연히라도 보고 이 시대의 이면에 대해 한 번 더 고민하게 될지.

말도 아니고 글도 아닌 것을 책으로 묶어내느라 고생한 휴먼큐브 직원 여러분께 감사드린다. 얼굴도 모르고 본명도 모르지만 트위터를 통해 생각과 느낌을 나눠 온 모든 분들께도.

2015년 8월 전우용

차례

2장
2014년 4월 16일, 그 이후

날벼락 ǀ 그대 같은 젊은이에게 ǀ 방송의 필터 ǀ 시대의 자화상 ǀ 악의 평범성 ǀ 장군의 고군분투 ǀ 상정 ǀ 악의 없는 대량 학살 ǀ 천황제의 유산 ǀ 인간에 대한 예의 ǀ 안보 ǀ 이간 ǀ 데자뷔 ǀ 구원파 ǀ 망각은 죄의 편 ǀ 위기 관리 ǀ 실소유주의 책임 ǀ 엄마 ǀ 간절함 ǀ 감정조절 장애 ǀ 죽일 놈 ǀ 성금 ǀ 목숨 값 ǀ 2014년의 우리 ǀ 악마의 시스템 ǀ 욕망의 민낯 ǀ 감정 정치 ǀ 성공에 대한 집단강박증 ǀ 물신주의와 일사불란 ǀ 안내방송 ǀ 사람 사이 ǀ 인간다운 정치 ǀ 권한과 책임 ǀ 부처님의 자비 ǀ 통증과 질병 ǀ 동정의 방향 ǀ 도덕성과 능력 ǀ 자식 잃은 부모를 뜻하는 말은 없다 ǀ 백성의 목소리 ǀ 등신의 시대 ǀ 악인 열전 ǀ 민살문화 ǀ 추모의 연한 ǀ 인간성 버리기 ǀ 인간과 악마 ǀ 세계 유일 ǀ 인간의 퇴화 ǀ 악귀 ǀ 평범한 탐욕 ǀ 잊지 않겠습니다 ǀ 인정머리 없는 상전 ǀ 역지사지 ǀ 정신적 통일 ǀ 뇌와 팔다리 ǀ 애주가와 애국자 ǀ 바보 ǀ 존경과 동경 ǀ 우매함 ǀ 가난한 주제에 ǀ 스스로 퇴화하는 동물 ǀ 살인 기계 ǀ 참사의 해 ǀ 패륜의 애국 ǀ 선과 온순 ǀ 종놈의 마음 ǀ 개나 소 ǀ 용한 의사 ǀ 오냐오냐 ǀ 추억과 미래 ǀ 평균과 평범 ǀ 주권 ǀ 거지 축제 ǀ 기억하지 않는 죄

5장
평범과 표준 335

1장

사 람 답 게 살 기

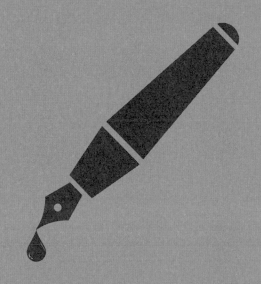

변호인

(프랑스 파리에서 부정선거 항의 집회에 참가한 사람들에게) "대가를 톡톡히 치르게 하겠다"고 협박했던 김진태 의원이 내란음모 혐의를 받는 피의자의 변호인 접견권을 제한하는 반헌법적 법률을 발의했군요. 새누리당 의원 다수가 동조했고요. 이게 영화 〈변호인〉의 내용이 역사가 아니라 현실인 이유입니다.

죄 없는 사람 잡아 가둔 뒤 변호인은 물론 가족도 만나지 못하게 하고, 죽도록 고문해서 용공사건 조작하는 짓, 이미 충분히 겪었습니다. 이런 시대로 돌아가자는 발상에 대가를 톡톡히 치르게 하지 못하면, 온 국민이 그 대가를 톡톡히 치르게 될 겁니다.

국정권의 바람대로 국민이 변해야 하는 것이 아니라.
국민의 바람대로 정권이 변해야 하는 겁니다.

20140105

140자로 시대를 쓰다

괴물

권력과 결탁한 극우 선동가들이 아무에게나 종북 딱지를 붙여도 되는 상황에서는, 그들에게 종북으로 의심받을 '우려가 있는' 생각 자체가 움츠러듭니다. 그들이 의심의 범위를 확장하는 만큼, 보통 사람들의 '정신적 자유'는 줄어듭니다.

인간을 인간 아닌 것으로 만드는 방법은
생각보다 간단합니다.
인권이나 민주주의에 관한 생각이 '위험할 수도 있다'는 신호를
반복해서 전달하기만 하면 됩니다.
그런 신호에 익숙해지면,
　　　　인간에 대한 예의를 모르는 괴물로 변합니다.

20140106

국민이
국가입니다

국정 역사교과서를 만들어 국민의 의식을 '국정 사관'으로 획일화하면 국민이 일치단결할 거라고 '망상'하는 인간들이 많습니다. 그러나 '국정 사관'에 지배되는 국가는 공동체가 아니라 살인 기계가 됩니다. 고문 살인자를 양산한 게 바로 국정 사관입니다.

일제강점기의 악질 고등계 형사 노덕술, 최운하로부터 이근안에 이르기까지, 이들은 모두 자기들이야말로 '투철한 국가관'을 가진 '애국자'라고 생각했습니다. 이런 고문 살인 괴물들을 만들어낸 게, 정권에 대한 일방적 충성을 강조하는 '국정 사관'입니다.

조선시대 임금도 사관史官의 역사 서술에는 간섭하지 않았습니다. **권력이 역사를 두려워해야지,** 역사가 권력에 빌붙어서는 안 됩니다. 권력이 역사를 장악하려 드는 것은, 역사 앞에 당당할 자신이 없거나 아예 그럴 의지가 없기 때문입니다.

20140108

정상의
범위

반쯤 뜯어 먹힌 채 죽어 있는 쥐를 발견하면 '고양이가 한 짓'이라고 보는 게 '상식' 범위 안의 추론이지만, '사람이 한 짓'이라고 생각하지 말라는 법은 없습니다. **사람의 상상력은 대체로 자기 인간성의 범위 안으로 제한됩니다.**

윤창중의 성추행을 "민주당 모 의원이 자기가 '데리고 놀던' 여자를 조종하여 유도한 사건"이라고 굳게 믿는 자들이 있습니다. **남이 그럴 수 있다고 믿는 건, 자기가 그런 짓을 저지를 수 있는 인간이라는 고백이기도 합니다.**

정상 범위 안에 있는 사람의 상식으로는 할 수 없는 망상을 하는 사람들이 무척 많습니다. **특별한 생각은 특별한 사람이 합니다. 인간성이 저질이면, 생각도 저질이기 마련입니다.**

20140109

국정 역사교과서의 미래

역사는 미래를 비추는 등불이라고 합니다.
일본 아베 정권이 침략 전쟁과 인권 유린을 미화하는 건
미래에 그런 짓을 또 하고 싶어서입니다.
한국 정부와 여당이 독재 권력을 미화하는 역사교과서를
만들려는 건 또다시 그런 미래를 만들고 싶어서입니다.

지금도 이 세계에는 자국민을 인간으로 대우하지 않는
독재국가가 많습니다. 그런 나라들의 한결같은 공통점은
학생들이 독재 권력을 미화하는 역사교과서로
역사를 배운다는 점입니다.

20140114

차이점

독재와 민주정치를 구별하는 방법은 그리 어렵지 않습니다.
정부가 시민과 야당 인사를 감시·사찰하면 독재,
시민과 야당 인사가 정부를 제대로 감시할 수 있으면
민주정치입니다.

'독재'를 에둘러 '권위주의 정치'라고 표현하는 사람이 많습니다.
권위주의 정치와 민주정치를 쉽게 구분하는 팁 하나 더.
기자가 최고 권력자에게 거리낌 없이 질문할 수 있으면 민주정치,
사전에 허용된 질문만 할 수 있으면
권위주의 정치입니다.

20140115

왜곡

"박근혜 대통령은 역사적 사실을 직시하고 있는 반면
아베 총리는 역사적 사실을 왜곡하고 있다."_윤상현
아베도 역사적 사실을 직시하고 있어요. 자기에게 유리한 것만
직시하고 나머진 '없는 사실' 취급해서 그렇지……
이런 게 '왜곡'입니다.

부림사건 담당 검사 인터뷰는 대문짝만하게 실으면서도 고문 피
해자들에게는 눈곱만큼의 관심도 주지 않는 것, 이게 한국 주류
언론이 역사적 사실을 직시하는 왜곡된 방식입니다.

20140116

우 리 ＝ 나 ＝ 그 들

MBC 해고 무효 소송 결과를 전하는 MBC 뉴스를 봤습니다. 자기들 예전 동료가 승소한 재판 결과를 비난하는 현 직원들의 태도를 보면서 참 착잡했습니다. 아무리 목구멍이 포도청이라지만, 사람이 이렇게 살아야 하는 걸까요?

아직 MBC에서 책상 차지하고 있는 현직 기자들, 당신들이 한 발 물러서면 상대는 한 발 더 다가오기 마련입니다. 어제 당신 동료들이 해고당한 게 '정당'하다면, 내일 당신들이 해고당하는 것도 '정당'해집니다.

한국인들은 '나'보다 '우리'를 더 자주 쓰는 경향이 있습니다. 한 '울타리' 안에 함께 있는 사람들이 '우리'이고, 그 '낱낱'이 '나'입니다. '우리'가 무너지면 '나'는 어디에도 의지할 수 없는 나약한 존재가 되고 맙니다.

나치가 공산주의자를 잡아갔을 때,
나는 아무 말도 하지 않았다.
나는 공산주의자가 아니었으니까.
그들이 사민주의자를 가두었을 때,
나는 침묵했다.
나는 사민주의자가 아니었으니까.
그들이 노동조합원을 체포했을 때,
나는 항의하지 않았다.
나는 노동조합원이 아니었으니까.
그들이 유대인을 잡아갔을 때,
나는 방관했다.
나는 유대인이 아니었으니까.
그들이 내게 왔을 때,
항의해줄 누구도 더 이상 남지 않았다.

_마르틴 니묄러, 「그들이 처음 왔을 때」

20140117

140자로 시대를 쓰다

광기

옛날 우리나라에서 화형火刑은 '단근질'이라는 뜻이었습니다. 사형은 공개리에 집행했으나, 사람을 태워 죽이지는 않았습니다. **사형이 '일벌백계'가 되어야지 '집단 광기'를 발작시키는 일이어서는 안 된다고 믿었기 때문인 듯합니다.**

한국에서 '화형식'이라는 '증오의 의례'를 거행하기 시작한 건 1960년대부터입니다. 첫 번째 화형 대상자는 이미 죽은 이완용이었는데, 곧 산 김일성으로 바뀌었고, 최근에는 극우 세력에 의해 여러 사람(의 인형)이 화형당했습니다.

중세 유럽의 마녀사냥이 그랬듯, '화형식'이라는 스펙터클은 당하는 자의 죄가 아니라 그 집행자와 동조자들의 '광기'를 보여줍니다. **어느 한 사회에서 화형식이 횡행한다는 것은, 그 사회 일각이 이미 '광기'에 지배되고 있다는 사실을 의미합니다.**

20140121

개발과
발 전

뉴타운, 파이시티, 가든파이브, 세빛 둥둥섬, 경인 아라뱃길, 동대문 디자인
플라자, 용산 국제업무지구 개발 사업…… 이런 일들 또 해야 한다는 사람이
많네요. 일 '저지르는 것'과 일 '하는 것'을 분간 못하면, 영원히 '호구'로 살
수밖에 없습니다.

두드러지는 개발 사업이 없다는 이유로 "서울시는 퇴보했다"고 주장하는 사
람이 많습니다. 자연경관과 역사경관을 파괴하는 마구잡이 건설만이 '일'이
고 '발전'이라 믿는 사람들은, 자연과 역사를 보존할 줄도, 누릴 줄도 모른다
는 점에서 '축생畜生'과 비슷합니다.

땅 위에 상처나 흔적을 남기는 것만 '업적'이라고 생각하는 사람 많습니다.
그런 생각이 자연을 망치고 후손에 부담을 줍니다. 사람들의 '마음'에 좋은
자취를 남기는 게 더 큰 '업적'입니다. '새 정치'는 정치인이 아니라 국민이
해야 하는 겁니다.

"우리 동네에 빨리 포크레인 보내달라."
"옆 동네 가난한 것들 다 쫓아내달라."
이런 생각으로 머릿속이 가득 찬 사람들에게
가장 좋은 '새 정치'는,
총독 정치와 군사 독재 정치입니다.

20140123

책임 안 지는
현명함

"어리석은 사람이 책임 따져."
카드사 개인정보 유출 사건에 대해 경제부총리가 한 말입니다.
그게 아니라 '양심 없는 인간'이 책임 안 지는 거죠. 역사의 진정
한 퇴보는 '양심의 퇴보'입니다.

책임 따지는 '어리석은 사람'이 나라를 망친 적은 없습니다. 나라
를 망치고 국민을 고통스럽게 한 건, 언제나 '책임 안 지는 똑똑
한 인간들'이었습니다. IMF 구제금융 사태의 주범들이나 4대강,
자원외교의 주범들처럼.

20140123

정신과
탐욕

안중근의 총알은 이토 히로부미의 가슴뿐 아니라, 나라야 어찌 되든 별 관심 없던 한국인의 '정신'도 꿰뚫었습니다. 안중근의 의거가 있었기에, 당시 많은 한국인들이 일진회 등의 친일부역자와 안중근 사이에서 자기 위치를 측정할 수 있었습니다.

당시에도 이토가 한국을 발전시켜준 '은인'이라며 이토 동상을 세우자고 난리치던 인간들 많았습니다. 머릿속에 '정신' 대신 '탐욕'을 채워 넣은 자들이었죠. 지금 교학사 역사교과서를 칭찬하는 자들이 바로 그들의 '정신적 후예'입니다.

20140123

진실과 정의

위안부 피해자인 황금자 할머니가 돌아가셨네요. 삼가 명복을 빕니다. "일본 정부는 우리가 빨리 죽기만을 기다릴 것"이라는 할머니들의 말씀대로, '살아 있는 증거'가 하나씩 사라져갈 때마다 기뻐하는 자들이 있을 겁니다. 역사 속의 모든 가해자들.

"피해자라고 자처하는 몇몇 사람의 증언이 있을 뿐, 일본군과 정부가 위안부를 조직적으로 동원했다는 명확한 증거는 없다." 한국 학계에도 이렇게 주장하는 사람이 적지 않습니다. **문서만 볼 줄 알고 다른 사람의 아픈 마음에 공감할 줄은 모르는 사람들이죠.**

아무리 극악한 독재 권력이라도 사람을 고문해서 죽이라고 '문서로' 지시하진 않습니다. 다른 범죄도 그렇지만 특히 권력의 범죄는 '문서 증거'를 남기지 않습니다. '문서 증거'의 유무만으로 사실 여부를 판단해선 안 되는 이유죠.

위안부 피해자 할머니들이 '보상금'을 타기 위해 자신들의 치욕스러운 과거사를 드러냈다고 모욕하는 자들도 더러 있습니다. **세상 사람이 모두 자기 같은 줄 아는 자들이죠. 세상에는 '돈'보다 '진실과 정의'를 더 중요하게 여기는 사람도 많습니다.**

22년이 넘게 일본 정부의 공식 사과를 요구하며 수요집회를 이어온 할머니들의 한을 풀어드리진 못할망정, 그분들로 하여금 교학사 역사교과서를 채택하지 말아달라고 읍소하게 만든 현실이 참으로 참담합니다. 교학사 교과서는 그분들의 일생을 모욕했습니다.

일본 정부뿐 아니라 교학사 교과서를 '균형 잡힌 역사책'이라고 칭찬한 자들도, 위안부 피해자 할머니들이 돌아가실 때마다 기뻐할지도 모릅니다. 그런 자들이 역사를 쓰고 가르치는 세상에는 '돈'과 '권력'이 있을 뿐 '진실과 정의'는 없습니다.

위안부 피해자 할머니들의 절규를 기억하지 못하면, 권력이 남긴 문서만 증거로 남습니다. 그분들이 다 돌아가시더라도 그분들의 절규를 기억하고 전승해야 합니다.

황금자 할머니는 폐지를 팔아 모은 전 재산을 장학금으로 기부하고 돌아가셨습니다. 제가 아는 사람 중에도 "보상금 챙기려고 자랑스럽지도 않은 과거를 드러냈다"며 위안부 피해자 할머니들을 모욕했던 인간이 있습니다. 어떻게 죽나 똑똑히 지켜볼 겁니다.

20140124

진짜 새 정치

옛날 사람들은 '새것'을 '익숙하지 않은 것', '위험한 것'으로도 받아들였고 '액'이 따라붙는다고 믿었기에, 무턱대고 좋아하진 않았습니다. '신新'은 '좋은 것'이고 '구舊'는 '나쁜 것'이라는 생각 자체가 '신식'입니다.

우리나라 사람들이 '신新' 또는 '새' 자를 맹목적으로 좋아하게 된 건 개화기 '신新문물'이 들어오면서부터입니다. '새로운 것'을 먼저 받아들이는 쪽이 경쟁에서 이긴다는 것이 여러 분야에서 사실로 입증되었기 때문이죠.

> '구舊'에는 '오래 함께해서 친숙한 것'이라는 의미가 있었지만, 요즘엔 기피 문자가 돼버렸습니다. '친구' 말고 '구舊' 자가 들어가서 좋은 뜻으로 쓰이는 게 거의 없습니다. 수구적 생각을 가진 사람들도 '수구'라 불리면 싫어합니다.

> 사람들이 '신' 자만 좋아하다 보니 '새' 또는 '신新' 자 들어간 정당들이 부지기수로 명멸했습니다. 신정당, 신민주공화당, 신한민주당, 새천년민주당, 새정치국민회의…… 심지어 가장 보수적인 정당도 신한국당이나 새누리당이라는 이름을 씁니다.

안철수 신당이 임시 명칭을 '새정치신당'으로 정했군요. 이름에 '새'와 '신新'을 중복해서 넣은 건 한국 정당 역사상 처음일 겁니다. 새롭긴 한데, 너무 '신新'에 강박적으로 치우친 것 같네요. '신구조화당'이나 '온고이지신당'은 어떨까요?

'수구守舊'가 나쁜 건 아닙니다. 지킬 것과 버릴 것을 분간 못하는 어리석음이 문제죠. '새'에 대한 맹목적 집착에서 벗어나야, 그 가치가 제대로 보일 겁니다. 어쩌면 '구태당'이 생겨야 진짜 '새 정치'가 가능할지도 모르겠습니다.

20140127

경험에서 배우기

"돈 많은 사람이 정치해야 도둑질 안 해"라는 사람, 여전히 많습니다. 그런데 이 말과 "버스요금 70원"은 사실상 같은 말입니다. 재벌이 서민의 생활을 모르는 것처럼, 서민도 재벌의 배포를 제대로 알기 어렵습니다.

사람이 다른 동물과 구별되는 존재가 된 건 경험에서 배울 줄 알았기 때문입니다. 이미 여러 차례 겪어놓고도 "돈 많은 사람이 정치해야 도둑질 안 해"라는 생각이 든다면, 그건 자기가 사람과는 거리가 있는 존재라는 증거입니다.

20140204

호연지기

감시 카메라가 달린 1인용 공부방이 상품으로 나왔네요. 저런 1인용 감옥에 갇혀서 공부한 아이들이 부모 뜻대로 자라서 성공하면 어떻게 될까요? 타인과 소통할 줄 모르고 제 이익만 챙길 줄 아는 '불통의 사회 지도층'이 되지 않을까요?

옛날에는 아이들 공부방에 천장을 만들지 않고 일부러 서까래를 노출시켰습니다. 짓누르는 느낌을 조금이라도 덜어주어 '호연지기'를 기르게 하기 위한 배려였죠. '기개氣槪' 없는 소인배의 잔지식은 이웃과 세상을 해치는 흉기일 뿐입니다.

제 자식 최루가스실에 집어넣은 부모도, 제 자식 1인용 감옥에 가둬 공부시키는 부모도, 다 자식을 '훌륭한 사람'으로 만들기 위해서라 생각하겠죠. 그렇게 자라 '악착스럽고 저밖에 모르게 된 인간'이 '훌륭한 사람'인 세상이라면, 그곳이 지옥입니다.

20140205

140자로 시대를 쓰다

공존의 의지

일본의 한 도시가 가미카제 관련 자료를 유네스코 세계유산으로 등재하려 한답니다. 일본군 가미카제 특공대로 나가 죽은 사람 중에는 한국인도 있습니다. 이 무모한 '광기'가 일본인의 본성에 속하는 것일까요, 아니면 천황제 군국주의의 소산일까요?

연합군 포로에게 잔학 행위를 한 혐의로 체포되어 사형당한 전범 중에는 한국인도 있습니다. 다른 '만행'을 저지른 일본군 중에 한국인은 없었을까요? 그 끔찍한 '잔학성'이 일본인의 본성에 속하는 것일까요, 천황제 군국주의의 소산일까요?

역사상 인간에 대한 끔찍한 잔학 행위와 대량 학살을 자행한 주범은 인종주의, 종교적 유일주의, 전체주의입니다. 일본 우익의 침략 전쟁 미화는 자국민의 내면에 '악마적 본성'을 심어주는 짓입니다. 그런데 한국인이라고 그들과 얼마나 다를까요?

그냥 마지못해 함께 사는 건 진정한 '공존'이 아닙니다. 다른 존재와 함께 살려는 의지와 배려가 있어야 '공존'할 수 있습니다. 세상의 평화와 안정을 해치는 건, '공존하려는 의지'를 공격하는 전체주의적 충동입니다.

"국론이 하나로 통일돼야 사회가 안정된다"고
믿는 사람 많습니다.
그러나 '국론을 하나로 통일시키겠다'는 망상이야말로,
인간에 대한 범죄를 부추기고
사회의 안정을 해치는 주범입니다.

20140208

가난한 인권

"예술가는 본래 어려운 거야"나 "인권운동가는 가난해야 해" 같은 고정관념에 사로잡힌 사람 많습니다. 인권 의식도 예술적 감수성도 없는 감성 메마르고 잔인한 부자들이 세상을 지배하는 건, 그런 고정관념 때문입니다.

인정머리 없고 인권 감수성 없고 목적 달성을 위해선 수단 방법 가리지 않는 인간이 부자 되는 건 당연하고, 감성이 풍부하고 인류애가 넘치며 정의감이 강한 사람은 가난해야 마땅하다? 이런 생각이 지배하는 세상에선 "부자 되세요"가 욕이어야 합니다.

20140210

양심의
소리

숭례문 복원 과정에서 여러 비리가 있었음이 드러났네요. '사기'로 복원한 문에 '숭례문崇禮門'이라는 이름이 가당키나 한가요? 이참에 이름도 '숭금문崇金門'이나 '숭전문崇錢門'으로 바꾸죠. 돈만 아는 속물들의 국보에 어울리게.

"아베 정권의 역사 왜곡으로 인해 차세대 일본인들이 급격히 우경화하고 있다."_MBC 뉴스
교학사 역사교과서에는 한마디 비판의 말도 않던 방송사가 무려 이런 보도를 했네요. 낯 뜨겁지도 않은가?

"(위안부 문제에 대해) 망언한 사람들이 부끄럽다."_무라야마 전 총리
이게 '양심의 소리'입니다. 그러나 일본 극우는 분명 무라야마를 '반역자'라고 맹비난할 겁니다. '양심'에 '반역'의 낙인을 찍는 나라가 범죄 국가입니다, 어느 나라든.

20140212

기억하는
방식

한국전쟁 중 스칸디나비아 3국은 의료진을 파견하여 부상병과 피난민을 치료했습니다. 스웨덴은 부산에 군 종합병원을, 노르웨이는 전선을 따라 이동하는 이동외과병원을, 덴마크는 해상 병원선을 각각 파견, 운영했습니다.

스칸디나비아 3국의 인도적 의료 지원은 휴전 후에도 계속되어 1958년에는 서울에 현대식 병원을 지어주고 의료진을 파견했습니다. 해방 후 한국에 세워진 최초의 현대식 병원인 이 병원이 바로 국립중앙의료원입니다.

전쟁 중 미군이 몇 명 죽었는지 잊어서는 안 된다면서도 스칸디나비아 의료진이 몇 명을 살렸는지에 대해선 관심조차 없는 것, 이게 우리가 전쟁을 기억하는 방식입니다. 2008년이 국립의료원 개원 50주년이었지만, 조촐한 감사행사조차 없었습니다.

시내 중심가 곳곳에 "국립중앙의료원 이전 반대" 현수막이 나부끼고 있더군요. 국립의료원도 전쟁 관련 유적입니다. 일본식 호국영령위령탑 같은 거 세우는 게 능사가 아닙니다. 국립의료원, 제자리에 계속 병원으로 있어야 하지 않을까요?

20140213

비정상의
정상화

중국 정부가 "한국 검찰이 간첩 사건 증거로 제출한 중국 공문서는 위조된 것"이라고 밝혔네요. 영화 〈변호인〉이 1천만 관객을 동원한 건 좌파가 문화계를 장악한 때문이라 보도한 신문이 있지만, 그보단 이 영화가 옛날이야기 만은 아니기 때문일 겁니다.

부림사건 관련자와 강기훈 씨는 무죄를 선고받았지만, 사건을 조작했던 자들은 여전히 높은 자리에 있습니다. 이들의 현재가 지금 사건을 조작하는 자들의 미래입니다. 아무리 나쁜 관행이라도 반성 없이 저절로 바뀌지는 않습니다.

인생이 처참하게 망가져 어떤 걸로도 보상받을 수 없는 억울한 피해자들은 많은데, 사람을 고문하고 증거를 조작했던 자들은 사과조차 않는 현실. 이보다 더 '비정상'인 게 있을까요?
'비정상의 정상화'는 '인간성의 성상화'에서 출발해야 합니다.

20140215

140자로 시대를 쓰다

망언과
국익

1975년 인혁당 사법 살인 직후, "판결 직후 8명을 사형시킨 한국은 야만국 아닌가?"라는 기자의 질문에 일본 외무성 참사관은 "그렇다고 할 수 있다"고 답했습니다. 당시 한국인들은 이를 '망언'으로 규정하고 대대적인 일제 상품 불매운동을 벌였습니다.

여당 국회의원이 서울시 공무원 간첩 증거 조작 사건과 관련해 "선진국이 안 된 국가들에서는, 뭐 꼭 중국이 그렇다고 얘기하는 것은 아니지만, 자기들 정부 기관에서 발행한 문서가 나중에 문제가 생기면 우리는 그런 적 없다고 발뺌하는 경우가 종종 있다"고 했군요.

만약 일본의 어떤 국회의원이 "선진국이 안 된 국가들은, 꼭 한국이 그렇다는 건 아니지만, 대통령이 와서 지금은 곤란하다, 조금만 기다려달라 해놓고도 나중에 문제가 되면 발뺌하는 경우가 종종 있다"고 했다면, 우리 한국인들은 어떻게 반응할까요?

증거 조작 의혹을 덮으려 최대의 교역 상대국을 공개리에 후진 야만국으로 몰아간 국회의원에게 '국익'은 뭘까요? 입만 열면 '국익'을 외치는 자들의 '국익'이 과연 뭔지, 이보다 잘 보여주는 사례도 찾기 어려울 듯합니다.

알리바이를 조작하다 궁지에 몰린 용의자가
증인을 무고하는 건 종종 있는 일입니다.
'증인을 무고하는 용의자' 같은 사람이
민주적으로 선출된 국민의 대표자라는 사실이야말로,
국가의 품격과 이익을
근본적으로 손상시키는 일일 겁니다.

20140219

책임과
시 혜

"신속한 사고 수습 및 피해자의 쾌유를 위해 지원을 아끼지 않겠습니다." 이게 경주 코오롱 마우나 오션 리조트 붕괴 사고에 대한 회사 측의 광고 문안입니다. 이건 회사가 할 말이 아니라 정부가 할 말이죠. 지원을 아끼지 않겠다고요? 피해자는 지원을 구걸할 이유가 없습니다.

죄를 인정하면서도 "지원을 아끼지 않겠다"며 '시혜자' 행세하는 게 한국 재벌의 일반적 태도일 겁니다. 재벌의 죄를 물을 줄은 모르고 '시혜'에만 감격하는 어리석은 사람들이 많기에, 이런 적반하장의 태도가 일반화한 거겠죠.

"정몽준이 재벌인데 시장 되면 그래도 뭔가 내놓지 않겠어?" 이런 말 하는 사람 보면 참 한심합니다. 시민은 시의 주인이지 시장에게 구걸하는 '거지'가 아닙니다. 시민 스스로 '거지'를 자처하면, 시장이 시민을 거지 취급하는 건 아주 자연스러운 일이 됩니다.

20140219

~빠

정치인을 '스타'의 자리에 올려놓고,
주권자들 스스로는 '팬'의 지위에 만족하는 게
'~빠' 문화일 겁니다.
보스만 훌륭하면 '졸'들은 아무래도
상관없다는 태도가,
'스타' 중심의 줄서기 관행과
거수기 문화를 용인하는 게 아닐까요?

국회의원의 '특권' 몇 가지를 억지로 줄인다고
정치가 새로워지진 않을 겁니다.
주권자들 스스로 '팬'의 눈을 버리고 '사장'의 눈을 가져야,
국회의원들이 '스타 보스'가 아니라
'유권자'를 두려워하면서 스스로 특권을 포기하게 될 겁니다.

20140220

140자로 시대를 쓰다

역사 인식 허무는
몰지각 행위

"위안부 동원의 강제성을 인정했던 1993년의 고노 담화를 재검토하겠다"는 일본 관방장관의 발언에 대해, 우리 정부가 "역사 인식 허무는 몰지각 행위"라고 강력 비난했군요. 잘했습니다. 그런데 국내에서 똑같이 주장하는 무리들은 왜 칭찬하는 건가요?

대원군이 실각하자 일본의 침략주의자들은 '지금이 기회'라고 주장했고 바로 운요호 사건을 도발했습니다. 한국 정부가 일본 우익의 역사관을 복제한 교학사 역사교과서를 적극 지원하는 꼴을 봤으니, 일본 우익이 '지금이 기회'라고 생각하는 것도 무리가 아니겠죠.

교학사 교과서가 "위안부는 일본군이 이동할 때마다 따라다니는 경우가 많았다"고 썼을 때, 어물쩍 넘어가는 대신 "역사 인식 허무는 몰지각 행위"라고 강력히 비난하고 승인을 취소했다면, 일본 정부도 지금처럼 뻔뻔할 수 없었을지 모릅니다.

20140222

억울함에 대한
공분

김연아 편파 판정에 대한 '국민적 분노'가 하늘을 찌르네요. 그럴 만도 하죠. 하지만 외국인들이 "애먼 사람 간첩 만들려 남의 나라 공문서 위조해도 가만히 있던 것들이⋯⋯"라고 하면, 대꾸하기 쉽지 않을 것 같습니다.

금메달감인데 은메달에 그친 김연아가 더 억울할까요, 애꿎게 간첩으로 몰린 유우성 씨가 더 억울할까요? 금메달 하나 덜 딴 나라가 창피한가요, 남의 나라 공문서까지 위조해서 간첩 사건 조작하는 나라라는 손가락질 받는 게 더 창피한가요?

우리가 부림사건 피해자들과 강기훈 씨, 유우성 씨 같은 사람들의 '억울함'에 대해, 지금 김연아의 '억울함'에 대한 관심과 '공분'의 10분의 1만이라도 보여왔다면, 대한민국은 진즉에 '인권 선진국'이 됐을 겁니다. '스포츠 강국'보다 그게 더 낫지 않나요?

김연아 편파 판정에 분노하는 '순수한 마음'에 정치적 사건 끼워 넣지 말라는 사람이 있네요. **둘의 억울함에 다 공감하는 마음이 '순수'한 거고요, 한쪽의 억울함을 거들떠보지도 않는 마음이야말로 뒤틀리고 오염된 겁니다.**

20140222

진실과
손 실

"증거 조작이 들통 나는 바람에 대중국 정보활동이 마비됐다"며 진실이 국익을 해쳤다고 주장하는 사람들이 많습니다. 진실이 드러나서 손해 보는 건 사기꾼과 악덕 상인 부류입니다. 이런 주장에 동조하는 사람이 많은 집단은, 아무리 커도 범죄 집단일 뿐입니다.

간첩 증거 조작을 이번에도 '개인 일탈 행위'로 마무리 지을 가능성이 높다는 전망이 많군요. 범죄는 조직이 저지르고 책임은 개인에게 뒤집어씌우는 건 깡패 조직의 장기입니다. 국가기관이 깡패의 논리로 운영되는 나라에선 깡패가 모범이 됩니다.

"왜 우리 정부 말 안 믿고 공산국가인 중국 말만 믿느냐"는
억지에 동조하는 사람도 꽤 많네요.
이거 바람피우다 들킨 양아치가 하는 말이에요.
"바람 안 피웠다니까.
왜 가족인 내 말 안 믿고 딴 놈 말만 믿냐?"
이런 억지 그냥 넘기면 '패가망신'합니다.

영화 〈변호인〉을 보면 "E. H. 카는 공산주의자가 아니며 그의 『역사란 무엇인가』는 아주 훌륭한 책"이라는 내용의 영국 대사관 공문을 읽는 장면이 나옵니다. 그 시절의 검사도 "영국 대사관 직원이 용공 세력을 비호한다"고는 차마 주장하지 못했습니다.

누가 중국 돈이라며 환전하려 하기에 중국 정부에 문의했더니 '위조지폐'라고 통보해왔습니다. 그런데도 위조지폐 아닌데 중국 정부가 거짓말한다고 바득바득 우기는 자가 있다면, 정신 나간 사기꾼 아닌가요?

20140224

개인 일탈

위안부 동원에 일본 정부의 책임이 있는지에 대해서는 피해자라는 사람들의 증언밖에 없기 때문에 검증이 필요하다는 멘션을 보낸 자가 있네요. 트위터에서 받는 가장 큰 스트레스는 지적으로나 도덕적으로나 '짐승 수준'인 이런 자들에게 멘션 받는 일입니다.

박종철을 죽인 자들의 고문 행위에 관해서도 문서로 된 증거는 없습니다. 전두환이나 당시 경찰청장이 고문하라고 '문서로' 지시했을 리는 없죠. 그냥 눈치로, 때로는 무언의 압력으로, 이런 권력 범죄를 승인하고 부추겼을 뿐일 겁니다.

일본군과 정부가 아무리 무도했어도 "사기를 치거나 납치를 해서라도 조선인 여성을 위안부로 만들라"고 문서로 지시했을 가능성은 없습니다. 그들은 그저 그런 일이 벌어진다는 걸 알면서도 눈감아주었을 뿐이죠. 이게 일본 정부의 책임입니다.

위조문서 입수 경위에 대해 거짓말한 건 검사의 '단순 실수'라는 주장도 마찬가집니다. 그도 '단순히' 윗사람 눈치를 보고 알아서 처리한 거겠죠. 이런 짓을 '단순 실수'라며 눈감아주는 한, 그 '단순 실수'는 정부의 책임이 됩니다.

위안부 동원의 강제성을 인정한 '고노 담화'를 재검토한다는 일본 정부, 어쩌면 요즘 한국 정부의 해명 방식을 본받는 것인지도 모릅니다. "설혹 위안부 강제 동원이 있었더라도 그건 모집인들의 개인 일탈이거나 서류상의 단순 실수였을 뿐"이라고.

권력기관이 범죄를 저지를 때마다
정부가 '개인 일탈'이니 '단순 실수'니 하며
무마하는 것이야말로,
악의적인 '일탈'과 고의적인 '실수'를
나라 전체로 확산시키는 짓입니다.
권력기관의 일탈과 실수에 관대한 정부는
나라를 '범죄 집단'으로 만듭니다.

20140227

필요한 건
나의 권리

세 모녀가 기초생활수급자 신청도 안 하고 버티다 견디지 못해 동반 자살했군요. 너무 안타깝습니다. **이분들이 복지를 누군가가 베풀어주는 '시혜'가 아니라 자기들이 누려야 할 '권리'라고 생각했다면, 이런 극단적인 선택은 하지 않았을 겁니다.**

"시장이 되어 서민을 돕겠다"는 재벌의 한마디에 감지덕지하는 서민 많습니다. 이런 상태에선 저런 안타까운 죽음이 계속될지도 모릅니다. **"필요한 건 너의 도움이 아니라 나의 권리"라고 당당하게 말하는 서민이 많아야, 저런 죽음 막을 수 있을 겁니다.**

복지를 확대하자고 해도 '종북'이라 하고, 부자들에게 세금을 더 걷자고 해도 '종북'이라 하며, 공기업과 의료 민영화에 반대해도 '종북'이라 합니다. 서민이 이런 '주문'에 세뇌되면, 결국 자기 자신을 죽이게 될 겁니다.

사망한 병사의 조의금을 가로채서 나눠먹은 군 장교들이 있네요. 나라를 정말 위태롭게 만드는 건, 애먼 사람들에게 '종북'이라고 손가락질하면서 뒷구멍으로 이런 짓 하는 부패 세력입니다. 교활한 범죄자들은 자기 대신 덤터기 쓸 대상을 만드는 데 능합니다.

20140228

삼일절

1920년부터 해방될 때까지, 삼일절은 우리의 유일한 민족기념일이었습니다. 상해에서 발행된 〈독립신문〉은 삼일절 기념행사가 있을 때마다 "참석자들이 피눈물에 젖은 눈으로 태극기를 우러러보았고, 피눈물을 삼키며 애국가를 불렀다"고 보도했습니다.

상해뿐 아니라 북경, 블라디보스토크, LA, 하와이, 아바나 등 한국 교민이 있는 곳이면 어디에서나 삼일절 기념식이 열렸습니다. 심지어 일본 도쿄 우에노 공원 등지에서도 한국 청년들은 삼일절에 태극기를 흔들며 기습적인 시위를 벌이곤 했습니다.

삼일절을 '독립운동기념일'이라고 쓰는 사람들이 많은데, 반만 맞습니다. 정확히는 '독립선언기념일'입니다. 정부 수립 후 개천절, 광복절, 제헌절과 함께 삼일절을 '국경일'로 지정한 것은 이날을 '건국절'로 삼았기 때문입니다.

대한민국 헌법 전문이 "유구한 역사와 전통에 빛나는 우리 대한국민은 삼일운동으로 건립된 대한민국임시정부의 법통과……"로 시작한 것은, **대한민국 건국 정신의 뿌리가 강권주의를 배격하고 '정의와 인도주의'**

140자로 시대를 쓰다

를 수호하려 한 삼일정신이기 때문입니다.

삼일절인데 일부 인사들이 거리에서 교학사 역사교과서를 팔았답니다. 이들이 하는 짓은 일제강점기 해외 교민들의 삼일절 경축식장에서 "우리는 일본 천황의 은덕 아래 행복하게 살고 있다. 너희들은 반역의 무리다"라고 소리친 것과 다르지 않습니다.

일본 덕에 근대화했고 친일부역자들의 '지식과 경험'을 활용한 덕에 잘살게 되었다고 주장하는 자들이 공공연히 삼일절을 모욕하고 있습니다. 어쩌다 이 지경이 됐는지…… 돈에 눈이 멀어 정의와 인도를 외면한 게 과거의 친일 부역자들이었습니다.

삼일운동 당시에도 "일본 통치 밑에 사는 게 행복"이라며, '정의와 인도주의'를 내세운 독립운동을 "혼란만 야기하는 행위"라고 모욕한 자들 많았습니다. 과거 그런 짓 했던 자들에 대해서나, 지금 그러는 자들에 대해서나, 평가는 같아야겠죠.

20140301

목숨 값

"가방 값도 몇만 원에서 몇천만 원까지 다양한데, 사람 생명 다루는 의료비가 같다는 게 말이 돼? 비싼 돈 내더라도 질 좋고 빠른 진료 받겠다는 사람 많은데, 그거 못하게 하는 건 공산주의야." _어느 유명 대학병원 의사

'부자의 목숨이나 가난한 사람의 목숨이나
생명의 가치에는 귀천이 없다'는
'인도주의'의 일반 명제를 일상생활에서
거부하는 사람이라면, 저 말에 반박하기 어려울 겁니다.
돈을 사람보다 중히 여기는 사회에서는
대다수 사람이 쓰레기 취급 받습니다.

정부가 의료 민영화를 추진하는 건 둘째 문제입니다.
자기 재산의 가치가 자기 인격의 가치라고 생각하는 사람들,
국민 소득 수준이 국격 수준이라고 착각하는 사람들이
많아지는 게 첫째 문제입니다.

저런 생각하는 게 저 의사뿐일까요? "딴 직업 가진 놈들은 다들 그렇게 사는데, 왜 의사만 '명품엔 명품 값을 치러야 한다'는 신념을 가지면 안 되는가?"

140자로 시대를 쓰다

라는 반박에 대응하기 위해선, '딴 직업' 가진 사람들의 생각도 바뀌어야 하지 않을까요?

위 발언의 주인공인 의사 개인을 비난하는 멘션이 많은데,
그는 '의사의 눈'으로 한국 사회의 일반 현실과
의료 현실 사이의 부조리를 지적했을 뿐입니다.
재산에 따라 '사람대접'을 달리하는 사람은,
모두 저 의사와 똑같은 사람입니다.

20140301

가장 무거운 동상

1966년 김종필이 주도하여 '애국선열조상건립위원회'라는 걸 만들어서는 국민의 애국심을 함양한다는 취지로 서울 시내 곳곳에 '애국선열'의 동상을 건립합니다. 세종대왕, 이순신 장군 등의 동상이 이 단체 주도로 만들어졌죠.

이 사람 저 사람 동상이 서울 시내 곳곳에 설 무렵, 항간에는 "여러 동상 중 누구 동상이 가장 무거울까?"라는 퀴즈가 유행했답니다. 여러분도 한번 생각해보세요. 세종대왕, 충무공 이순신, 을지문덕, 율곡 이이, 퇴계 이황, 사명대사, 백범 김구……

정답은 김구 동상이었답니다. 다른 동상은 후손들이 만들어주는 것만도 고마워했는데, 김구 동상을 만들 때는 백범을 추앙하는 사람들이 제작 현장에 가서 동 함량을 속이지 않는지 눈에 불을 켜고 감시했기 때문이라나요? 믿거나 말거나.

20140302

140자로 시대를 쓰다

사람 잡아먹는
벌레

어떤 일베 유저가 안중근을 '금수', 유관순을 '악질 선동꾼'이라 했답니다. 그저 재미 삼아 저랬는지, 제 딴엔 통념에 도전해보겠다고 저랬는지는 모릅니다. 다만, 그가 '밟아도 찍소리 못하는 벌레'를 모범으로 삼는다는 사실만은 분명한 듯합니다.

민주화운동을 죄악시하는 자들이라면, 독립운동도 죄악시하는 게 맞습니다. 그런 점에서 저 일베 유저는 솔직한 거죠. 저런 것들이 계속 '정치적 자원'으로 이용된다면, 언젠간 벌레들이 사람을 다 잡아먹게 될 겁니다.

20140303

그림의
떡

일제강점기 서울 전차 운행은 경성전기회사가 독점했는데, 1920년대 말에
이미 노후화로 인한 잦은 고장, 만원 운행, 시설 투자 외면 등 민영 전차의
전형적인 폐해가 나타났습니다. 이에 '경성부민'들은 전차를 부영화(시영화)
하자는 운동을 벌입니다.

당황한 경성전기회사는 총독부와 경성부에 로비하는 한편, 회사 돈으로 '부
민관'이라는 복합 연예관을 지어 경성부에 헌납합니다. '경성부민'들은 그에
만족하여 부영화 운동을 중단했죠. 지금 서울시청사 옆의 서울시의회 건물
이 그때 지은 부민관입니다.

당시 부민관을 들락거리며 '고급 공연예술'을 관람할 여유가 있는 경성부민
은 얼마 되지 않았습니다. 대다수 가난한 시민들은 도심지에 새로 지은 고
층 건물 하나 구경하는 대가로 비싸고 불편한 전차를 계속 탈 수밖에 없었습
니다.

경성부와 경성전기회사는 대다수 서울 시민에게 골고루 혜택을 베푸는 대신
일부 부자들만 즐길 수 있는 시설을 만들어줬습니다. 그들은 가난한 시민을
'무시'했고, 자기랑 아무 관계도 없는 건물 보는 데에 만족한 가난한 시민들

140자로 시대를 쓰다

역시 무시당할 만했습니다.

오세훈 시장이 세금 쏟아부을 작정하고 만든 세빛 둥둥섬이나 요트마리나도 일부 부자들만을 위한 시설이라는 점에서 일제강점기 부민관과 비슷합니다. 그걸 보고 "서울이 좋아졌다"나 "시장이 일 잘했다"고 하는 사람도 그 시절 경성부민과 비슷하고요.

짐승도 '그림의 떡'을 보고 침 흘리진 않습니다.
하지만 시민 세금으로 자기들이 이용하기 어려운 시설을 만들어도
잘한다고 박수치는 서민은 참 많습니다.
'서민을 무시하는 정치'의 책임은,
상당 부분 이런 서민들에게 있습니다.

20140303

복지
사각지대

정부가 세 모녀 동반 자살 사건을 계기로
'복지 사각지대' 일제 조사에 나섰답니다.
진짜 '복지 사각지대'는,
'보편적 복지'를 빨갱이 정책이라며
비난하는 사람들 마음속에 있는 것 아닌가요?

'복 지'를 구 차 하 지 않 도 록 하 는 게
'복 지 사 각 지 대'를 줄 이 는 길 입 니 다.

20140303

의심받을
우려가 있는 행위

"공연히 애먼 사람 간첩으로 몰았겠어? 의심받을 짓을 했으니까 그 랬겠지." 이런 말이 통하는 사회에선, 법이 금지하는 행위를 넘어 '의심받을 우려가 있는 행위' 전체가 금지됩니다. **이런 사회에서 법 은 사람을 위협하는 흉기일 뿐입니다.**

의심받는 것이 곧 죄가 되는 사회에서, 사람들은 의심받지 않기 위 해 권력의 눈치를 살피고, 충성심을 과장하며, 애먼 사람을 모함합 니다. **권력자의 '의심'을 '법' 위에 놓는 이런 문화가, '민주공화국'을 '노예수용소'로 만듭니다.**

외국 공문서까지 위조해서 애먼 사람 간첩으로 몬 국정원보다, 그런 국정 원의 행위를 두둔하는 자들이 훨씬 더 악질입니다. 국정원은 한 사람만 간 첩으로 만들려 했지만, 그를 비호하는 자들은 전 국민을 노예로 만들려 합 니다.

20140304

곱게
늙기

사람은 누구나 순진무구하게 태어나나 자라면서 때가 묻는다는 말이 맞는다면, 한 나라의 좋고 나쁨은 노인들을 보면 알 수 있습니다. 그악스럽고 뻔뻔하며 저만 아는 노인이 많은 나라는 결코 좋은 나라일 수 없습니다.

해방 후 처음 나온 우리말 동요는 〈새 나라의 어린이〉입니다. 어린이들이 부지런하고 서로 도우며 정직한 어른으로 자라 '좋은 나라' 만들기를 바라는 소망을 담았죠. 그런데 요즘 세태를 보면 아무래도 그 소망은 이루어지지 않은 것 같습니다.

어떤 나라에 탐욕과 이기심으로 똘똘 뭉친 '노추'가 많다는 건, 그 나라의 현대사가 그만큼 추악했다는 뜻일 겁니다. 그런 나라에서 아직 늙지 않은 사람들이 '곱게' 늙으려면, '역사의 물길'을 바꿔야 합니다.

20140305

돈 밝히는
담임

옛날 초등학교에는 학생이 말썽꾸러기인데도 아버지가 부자라고 '반장' 시키는 담임선생이 많았습니다. 그럴 때면 학부모들은 "담임이 돈 먹고 모자란 애 반장 시킨다"고 펄펄 뛰었습니다. 그러던 사람들이, 돈도 못 먹은 주제에 부잣집 자식이라야 시장 자격이 있다고 생각합니다.

부잣집 아들만 골라 반장 시키는 담임더러는 "돈만 밝히는 악질 교사"라 욕하면서도 선거 때면 꼭 부자에게 투표하는 사람들 참 많습니다. 그 욕, 자기 자신에게 해야 할 겁니다. "돈만 밝히는 악질 시민."

20140306

부모의
마음

서울이 아름다운지 추한지에 대해서는 사람마다 보는 눈이 다르겠지만, 산과 강의 아름다움만은 전 세계의 수도 중 최고라 해도 지나치지 않을 겁니다. 특히 한강은 서울을 아름답게 만든 대표적인 자연 요소였습니다.

조선 후기 진경산수화의 대가 겸재 정선도 여러 폭의 한강 그림을 남겼습니다. 하지만 지금은 한강에서 그림 그리는 사람을 찾아볼 수 없습니다. 한강유람선이 다니지만, 자기 돈 내고 두 번 이상 타겠다는 사람 많지 않습니다.

1966년, 공병 장교 출신으로 육군수송학교 교장을 지낸 김현옥이 서울시장이 됐습니다. 그는 병과가 공병이라서인지 토건 개발에 집중했고, 수송학교 교장 출신이라서인지 자동차 중심으로 도시를 봤습니다.

서울 시내 곳곳에 지하도를 파고 육교를 건설한 게 그의 첫 사업이었습니다. 그때 서울 시민들은 그게 잘하는 일인 줄 알았습니다. 장애인, 노약자 등 '보행약자'들에게 지옥 같은 도시를 만든 일이었음을 깨달은 건 한참 뒤의 일이었죠.

김현옥 시장의 역점 사업 중 하나가 강변도로 건설이었습니다. 강 쪽으로 제방을 내어 쌓아 그 위에 도로를 만들었는데, 그러다 보니 새로 쌓은 제방과 옛 제방 사이에 넓은 땅이 생겼습니다. 당시 서울시는 이 땅을 택지로 불하해 자금을 조달했습니다.

한강이 생활공간과 단절되고 한강변에 비슷비슷한 모양의 아파트만 늘어선 게 이때의 강변 개발 방식 때문입니다. 좀 더 여유를 가지고 미래를 내다봤더라면, 지금 한강변 풍광이 이토록 단조롭진 않았을 겁니다.

도로와 강 사이에 '죽은 땅'으로 남아 있던 '고수부지' 활용 방안이 마련된 건 전두환 정권 때입니다. 전두환은 88 올림픽을 앞두고 체육활동을 진흥해야 한다며 고수부지를 전부 체육시설로 활용하라고 지시합니다. 고수부지가 체육시설만으로 채워진 이유죠.

이제 한강에서 강변 쪽을 보면 잔디밭과 운동장, 그 위로 자동차 도로, 다시 그 위로 아파트만 있는 단조로운 장면이 계속됩니다. 문화시설, 상업시설 등이 개성 있는 모습으로 늘어선 다른 나라 도시의 강변과 비교하면 참 답답합니다.

잘하는 일인 줄 알고 저질렀다가 세월이 흐른 뒤 돌이킬 수 없는
실수였음을 깨닫는 경우가 많습니다. 지금도 김현옥식 '토건 개발'만이
도시 발전이라고 믿는 사람들 무척 많습니다.
그런 사람들, 후손에게 원망받지 않을 자신은 있는지요?

먹고 싶은 것, 입고 싶은 것 참으면서 자식 교육비 모으는 게
부모 마음입니다. 미래를 내다본다는 건, 미래 세대를 위해 당장의
욕심을 억누른다는 의미이기도 합니다. 서울을 더 망가뜨리지 않고
후손에게 물려주려면, **참아도 되는 건 참아야 합니다.**

10년 전쯤, 처음 강변도로를 설계했던 분을 만났습니다.
그 노인 왈, "내 평생 최악의 실수는 강변도로를 저 따위로 설계한 거야.
나 죽은 뒤에 얼마나 욕을 먹을지 생각하면 잠이 안 와."
도시는, 우리만 살고 버리는 일회용품이 아닙니다.

20140306

사람답게
살기

‘국정원 협력자’ 자살 기도 사건을 두고 "이거 영화보다 재밌네"라는 사람이 다 있더군요. 사람이 ‘실제로’ 자기 목숨을 끊으려 했는데도 ‘재미있다’는 사람과 한 하늘 아래에서 같이 숨 쉬고 있다는 게, 정말 소름 끼칩니다.

좀 사람답게들 삽시다.
사람답게 사는 거 그리 어려운 일 아닙니다.
절망에 빠진 사람 동정하고,
나쁜 짓 하는 놈들 미워하기만 해도 됩니다.
이조차 어렵더라도, 악마는 되지 맙시다.

20140307

비대칭적
노하우

1960년대 후반부터 70년대까지 한강변에서는 '공유수면 매립사업'이 활발히 벌어집니다. 강변 저지대를 매립하여 택지로 조성하고 아파트를 지어 분양하는 사업이었는데, 말 그대로 '땅 짚고 헤엄치는' 식으로 떼돈을 버는 사업이었죠.

심하게 말하면 시민의 공유재산을 **빼돌려** 재벌과 관변 이익단체에 몰아주는 '날강도 사업'이었는데, 매립 허가만 받으면 떼돈 버는 게 보장된 사업이었으니 허가 과정에서 '검은 뒷거래'가 있었다는 소문이 안 날 수 없었습니다.

동부이촌동, 반포, 잠실, 압구정동, 구의동 등지가 이 사업으로 만들어진 아파트 단지입니다. 압구정동 택지는 한강에서 가장 아름다운 섬이던 저자도 흙을 퍼서 조성했고, 구의동과 반포 택지는 연탄재와 쓰레기를 파묻어 조성했습니다.

그 시절 서울 시민들이야 환경과 경관에 대한 권리 의식이 없어서 그랬다 쳐도, 지금 서울 시민들은 어떤가요? 기회만 있으면 '날강도 짓' 하려는 사람이 많은 곳에선, '날강도'가 롤모델이 되는 겁니다.

대운하니 4대강 사업이니 할 때 한강 공유수면 매립사업이 떠올랐습니다.
기업과 권력 사이에 엄청난 뒷돈이 오가는 일을
직접 했던 사람이 그 노하우를 잊을 리 없겠죠.

하는 쪽은 노하우를 쌓아가나
당하는 쪽은 잊어버리는 게,
재앙이 되풀이되는 이유입니다.

20140307

누명 쓰지
않기 위해 사는 삶

"문서 위조가 있었다면 수사를 엄정히 해서 죄가 있다면 일벌백계로 다스려야지 정치권이 나서면 안 된다." _새누리당 원내대표

이런 말은 자기 당 의원들이 나서서 문서 위조 아니라고 강변할 때 했어야죠.

문서 위조에 대한 새누리당 의원들의 발언을 상기해보죠.
"선진국이 안 된 나라들 중에는 문서를 발급해놓고도 나중에 문제가 되면 아니라고 발뺌하는 경우가 종종 있다."
"중국대사관의 친북 관리와 민변 사이에 커넥션이 있다."

학교 일진과 한패가 되어 죄 없는 애 괴롭히다가 문제가 생기면 "쟤 혼자 다 했어요. 쟤 혼내주세요" 하고는 자기는 아무 책임 없는 것처럼 슬쩍 뒤로 빠지는 짓, 초등학생에게도 손가락질 받습니다.

증인 몇 명 세우고 천만 원만 들이면 누구든 간첩으로 잡아들일 수 있는 세상에서 안전하게 사는 길이 뭐가 있을까요? 누구나 누명 쓸 수 있는 사회에서는 삶의 에너지 대부분을 누명 쓰지 않기 위해 소비해야 합니다. 그런 걸 '비참'이라 합니다.

20140308

140자로 시대를 쓰다

물의物議

"세간에 물의를 야기하고 국민께 심려를 끼쳐드린 것에 진심으로 송구스럽다." "물의를 일으킨 데 대해 국민 여러분께 사과드린다." 간첩 증거 조작 사건에 대한 국정원의 사과문입니다. 이건 불법도박하다 걸린 연예인에게나 어울리는 사과죠.

죄지은 연예인의 마음에도 없는 사과받는 데 익숙한 국민이 많으니 저런 성의 없는 사과문을 낸 거겠죠. 들끓던 여론이 조금 잠잠해지면 연예인들처럼 당당히 컴백하려고요? 국정원장은 연예인이 아니라 진짜 '공인'입니다.

간첩 조작과 문서 위조는 '세간에 물의를 일으킨' 정도의 행위가 아니라
'민주국가의 근본을 파괴한' 행위입니다.
살인미수죄를 저지르고도 "물의를 일으켜 죄송하다"고
사과하는 연예인이 있다면, 사람이라 할 수 있을까요?

문서 위조가 명백해진 지금에도 죄는 인정하지 않고 "물의를 일으켜 송구스럽다"는 정도로 면피하려는 사람들이, 막상 애먼 사람 잡아다 조작한 증거 들이대며 간첩으로 몰 때는 "죄를 자백하라"고 얼마나 다그쳤을지…… 자백自白은 누가 해야 할까요?

20140309

민주적
전제 왕정

"교육감 축구대회 오신다"며
강서 양천 교육지원청이 학생들을 강제 동원했습니다.

단 한 사람을 위해서 수천 명을 동원하고,
단 한 사람을 위해서 지명을 바꾸자 해도
이상하게 여기지 않는 사람이 많은 나라라면,
민주적 투표로도 얼마든지 전제 왕정을 만들 수 있습니다.

20140321

돈
신

남편과 이혼한 뒤 12년 동안 딸 얼굴 한 번 보지 않았던 생모가 딸이 사고로 죽으니 보상금 나누자고 소송을 냈군요. 어쩌면 '상식적인' 부모 마음이란 아예 없는 건지도 모르겠습니다.

우리나라는 다종교 국가이면서도 종교 갈등이 심각한 사회문제로 표면화하지 않는 독특한 나라입니다. 어쩌면 모든 종교가 진짜로 숭배하는 신이 '돈신'이라는 유일신이기 때문인지도 모릅니다. 나머지 신들은 다 '돈신'에게로 인도해주는 브로커일 뿐.

20140321

가난 상속의 의지

나이 지긋한 택시기사 왈, "연봉 많이 받는 공기업 놈들, 이번에 대통령께서 확실히 손볼 거예요. 그런 놈들은 뿌리 뽑아야 해요."
제가 반문했습니다. "일당 5억 원짜리 재벌보다 연봉 많이 받는 노동자가 훨씬 더 미우신가 보죠?"

연봉 많이 받는 노동자더러는 "사회의 암"이라면서,
재벌의 탈세에 대해서는 "사업하다 보면 그럴 수도 있다"는 사람
꽤 많습니다. '노동자는 전부 가난해야 한다'는
통념이 지배하는 세상에서는,

절 대 다 수 가 가 난 해 야 정 상 입 니 다 .

20140324

140자로 시대를 쓰다

수치스러운 진실

간첩 조작 문서 위조 사건에 연루된 국정원 직원이 자살을 기도했군요. 대선 때 여론 조작하다 들켜 셀프 감금 당했던 국정원 여직원이 '무섭다'고 했던 게 이런 이유 때문이었을까요?

양심은 하찮게 여기면서 조직만 중시하는 사회가 진짜 '무서운 사회'입니다.

자살을 기도한 국정원 과장이 "나라를 위해 일했는데 범죄자 취급 받아 수치스럽다"는 유서를 남겼군요. **정말 수치스러운 건 국가기관이 범죄 조직처럼 운영되는 나라입니다. 그런 나라에서는, 진실이 수치입니다.**

20140324

민주주의의 적

재벌회장 노역 일당 5억 원 판결에 대해 '합리적'이라고 답한 사람이 8.1%나 된답니다. 우리나라에 재벌이 이렇게 많을 리는 없죠. 조선 말기 노비의 비율이 이보다 조금 많은 정도였습니다. 노비의 DNA, 참 질기기도 하네요.

재벌회장 노역 일당 5억 원이 '합리적'이라는 저 8.1%의 한국인이 민주주의의 '적'입니다.

민주주의의 적들과 함께
민주주의를 가꿔야 한다는 게,
민주주의의 원죄이자 비극입니다.

20140325

140자로 시대를 쓰다

용사

대의를 위해 적을 척살하고 죽은 사람을 '의사', 대의를 위해 자결하거나 처형당한 사람을 '열사'라 합니다. 적에 맞서 용감히 싸운 사람이 '용사'고요. 천안함에 탔다 사망한 승조원들을 '용사'라 부르는 게 과연 옳은 걸까요? 호칭이 왜곡되면 진상도 왜곡됩니다.

20140326

관점

개, 돼지, 고양이를 다수파와 소수파로 분류하려면 어떻게 하면 될까요? 개, 돼지를 하나로 묶을 수도 있고, 개와 고양이를 한편에 놓을 수도 있습니다. 분류되는 대상 이전에, 분류하는 자의 관점이 있습니다.

새정치민주연합 의원들을 친노니 비노니, 진보니 중도니로 분류한 문건이 논란거리가 됐군요. 정말 새 정치를 하겠다면 그런 분류보다는 양심파와 비양심파, 상식파와 몰상식파로 나누는 게 낫지 않았을까요? 차라리 옛날처럼 정통파와 사쿠라파로 나누든지.

20140327

140자로 시대를 쓰다

생활 습관병

"조선인 노동자들은 돈이 생기면 술 마시고 노름한다. 책을 갖다 줘도 읽는 자가 없다." 1943년 일본인이 남긴 기록입니다. 지금, 당시의 노동자들과 다르게 사는 사람이 얼마나 될까요? 식민지에서 벗어났다고 저절로 노예 상태에서 벗어나는 건 아닙니다.

"어제와 똑같이 살면서 다른 미래를 기대하는 것은 정신병 초기 증세다." 아인슈타인이 했다는 말입니다. 식민지 노예 의식은 여전히 식민지 노예처럼 사는 사람들의 생활 습관에 기생합니다. 노예 의식도 일종의 생활 습관병입니다.

20140329

잡것

'박원순 시장이 잘한 일 10가지'라는 트윗이 도는군요. 개인적으로는 '잡상인'이라는 말을 '이동상인'으로 바꾼 걸 들고 싶습니다. **자기 사전에서 잡인, 잡것, 잡일 같은 단어만 지워도 세상이 달리 보일 겁니다. 세상을 달리 봐야, 세상이 바뀝니다.**

20140330

140자로 시대를 쓰다

재벌 귀족 평민 노예

재벌 일당을 5억 원으로 쳐준 판사에 대한 비난이 빗발치네요. 부적절한 거래 관계 때문 아니냐고⋯⋯ 하지만 재벌과 특별한 관계도 맺지 못한 주제에 재벌에게 정치권력까지 주려는 사람들보단, 그 판사가 훨씬 똑똑합니다.

재벌의 일당을 5억 원으로 산정한 판사나 연봉 1만 원만 받겠다는 재벌에게 환호하는 시민이나 생각은 똑같습니다. "재벌은 특별하니 특별하게 대접해야 한다"는 거죠. **재벌을 귀족 대접하면, 평민 다수는 노예 대접 받을 수밖에 없습니다.**

20140331

만우절

만우절이 처음 우리나라에 소개됐을 때는 '4월 천치'라고 했습니다. '바보가 돼주는 날'이었죠. "최근 기억만 지우는 번개탄이 있다"나 "간첩 조작에 윗선 없다" 같은 말에 속아 넘어가는 바보들이 이다지 많은데, '바보들의 날'이 따로 필요할까요?

1987년 "탁 치니 억 하고 죽었다"는 말에는 국민 대다수가 속기는커녕 분노했습니다. 하지만 2014년 "번개탄이 최근 기억을 지웠다"는 말에는 별 반응이 없습니다. 이게 지난 30년간 국민의 평균 지능과 양심의 변화를 보여주는 지표일 겁니다.

20140401

역사의 채무자

지난 10년간 공공부채가 2.2배 늘어 전 국민이 3년간 한 푼도 안 쓰고 갚아야 하는 지경이 됐답니다. 무려 3784조 원. 빚 갚으려 애쓰면 "일 안 한다" 하고, 마구 빚내서 이것저것 지어야 "일 잘한다" 하는 국민들이 공범입니다.

빚 얻어 펑펑 쓰는 '가장'을 훌륭하다고 하는 사람은 없습니다. 하지만 대통령이나 시장이 빚내서 별 쓸모도 없는 일을 마구 벌이면 "일 잘한다"고 하는 사람은 여전히 많습니다. 그런 사람들이 후손에게 빚을 떠넘기는 '역사의 채무자'입니다.

20140403

짐승 우리

"나라 없는데 인권 필요 있겠나?"_새누리당 이철우 의원

북한 최고인민회의 대의원에나 어울릴 사람이 왜 대한민국 국회에 있는 거죠? 국민의 인권을 뒤로 돌리는 나라에는 '인간 같지 않은 것들'과 '인간 이하인 것들'만 살게 됩니다.

간첩을 조작해서 국민들 마음에 공포감을 심어놓아야 유지되는 나라라면, 그건 나라라고 할 수 없습니다. 아무나 잡아다 제멋대로 요리하는 도살자들과 자기 순서가 언제일지 전전긍긍하는 가축 같은 자들만 사는 곳은, '짐승 우리'입니다.

20140407

140자로 시대를 쓰다

귀신이 곡할 노릇

인공위성에 초정밀 카메라 달아 지구 구석구석을 감시하는 시대에 장난감 같은 모형 비행기에 개인용 카메라 달아 무인 정찰기로 쓰는 집단이 있다면 한심하거나 우습다고 해야겠죠. 그게 무섭다고 며칠씩 난리치는 건 더 한심하고 우스운 일 아닌가요?

'의심'을 죄악시하고 '믿음'만을 요구하는 건 모든 권력의 생리입니다. 하지만 세상을 좋은 쪽으로 변화시킨 건 언제나 '합리적 의심'이었습니다. 무턱대고 믿는 '맹신'은 자기가 속한 세계를 부패시켜 결국 망하게 만들 뿐입니다.

세계 최고 수준의 버블젯 어뢰도 북한제라 하고, 세계 최저 수준의 조잡한 무인 정찰기도 북한제라 하고…… 믿을 수 없는 게 북한의 기술 수준인지, 북한에 관한 정보인지.

옛사람들은 자기가 이해할 수 없는 일이 생기면 귀신의 소행이라 믿었습니다. 더 이상한 일이 생기면 '귀신이 곡할 노릇'이라 했죠. 사고력이 현저히 떨어지는 일부 사람들에겐 '북한이 곡할 노릇'이란 말이 필요할지도.

20140408

비정규직 해고자가
전하는 그룹 소식

종편 방송이 연일 탈북자들을 출연시켜 북한의 '실상'을 전합니다. 그걸 곧이곧대로 믿는 사람도 많습니다. 삼성에서 비정규직으로 일하다 나온 사람 출연시켜 '이건희의 계획'이나 '삼성의 전략'에 대해서도 좀 물어보지. 그거 믿으면 바보라 하겠죠?

20140408

140자로 시대를 쓰다

노예의
족쇄

성북구청이 "납품 기업은 노동자들에게 생활 임금을 지급해야 한다"는 조례
안을 발표했네요. 생활 임금도 못 받는 처지이면서 이런 걸 '빨갱이 정책'이
라 비난하는 사람도 많습니다. **자기에게 뭐가 필요한지도 모르는 자들에게, 이념
은 '노예의 족쇄'일 뿐입니다.**

2400원을 횡령했다고 노동자를 해고한 버스 회사가 있네요.
재벌에겐 관대하고 노동자에겐 가혹한 게
이 사회의 문화인 듯합니다. 이런 게 귀족 사회죠.
귀족 사회를 떠받치는 건 귀족의 힘과 지식이 아니라,
　　　　　　　　그들에게 영혼을 판 천민들의 맹종과 무지입니다.

20140409

도량형기

어떤 사람의 목소리가 조금만 달라져도 쉬 알아챌 수 있지만, 얼굴에 점 하나가 없어져도 모르고 지나치는 경우가 많습니다. 사물의 미세한 차이를 식별하는 능력은 눈보다 귀가 뛰어납니다. 보는 것만으로는 결코 악기를 조율할 수 없습니다.

같은 소리를 내는 피리는 재질이 같다면 길이와 두께, 구멍의 크기도 같습니다. 고대 중국에서는 황종율관이라는 피리를 만들어 도량형의 기준으로 삼았습니다. 피리의 길이가 자, 무게가 관, 그 안에 들어가는 기장의 부피가 되의 기준이었죠.

길이를 재는 게 '도', 부피를 재는 게 '량', 무게를 재는 게 '형'입니다. 자와 됫박, 저울을 합쳐 '도량형기'라 하죠. 도량형기는 거래에만 필요한 게 아닙니다. 도량형기가 제멋대로면 세상은 측량할 수도, 계산할 수도 없는 혼돈 속으로 빠져듭니다.

『논어』에 '정자정야政者正也'라는 말이 있습니다. '정치란 세상을 바로잡는 일'이라는 뜻이죠. 그 기본이 도량형을 바로잡는 것입니다. **자기가 쓸 물건과 남에게 팔 물건을 서로 다른 됫박으로 재는 건 사기꾼이 하는 짓이지 정치가 할 짓이 아닙니다.**

약속을 못 지키는 정치보다 훨씬 더 나쁜 정치가,
자기 유리한 대로 잣대를 늘렸다 줄였다 하는
'이중 잣대 정치'입니다.
그건 정치가 아니라 세상의 질서를 파괴하는 사기 범죄입니다.

20140411

역사
도시

1901년, 대한제국 정부는 각국 공사관에 공문을 보내 궁궐 부근에는 고층 건물을 짓지 말아달라고 요구했습니다. 외국 공사들이 "부근이라면 구체적으로 몇 미터냐?"고 묻자 정부는 궁궐 담장에서 2킬로미터를 제시했습니다.

대한제국이 그렇게 망하지 않았다면, 서울 도심의 모습은 지금과 전혀 달랐을 겁니다. 일제가 경복궁 바로 앞에 조선총독부 청사를 짓고 경운궁 맞은편에 경성부 청사를 지은 건, 한국인의 역사와 전통을 모욕하기 위해서였습니다.

자기들 역사와 전통의 정수가 깃든 궁궐 가까이에 초특급 호텔을 세운 역사 도시가 세계 어디에 있는지 모르겠네요. 정부가 규제를 완화한답시고 경복궁과 창덕궁 사이 땅에 기어코 호텔 건립을 허가하려나 본데, 그거 총독부나 할 일이지 정부가 할 일 아닙니다.

20140412

주부의
살 림

낮에 박원순 시장, 문재인 의원의 한양도성 답사를 안내하던 중 시각장애인을 도와 함께 뛰던 사람이 갑자기 일행 앞으로 나섰습니다. "남산엔 마라톤하는 시각장애인이 많은데, 예전에 탈의실이 있던 것을 오세훈 시장 때 불법 시설물이라고 없앴습니다. 그런데 시장님이 그 불법 시설물을 다시 만들어줬습니다. 감사 인사를 하고 싶습니다."

그 말을 들은 박 시장, "샤워 시설은 있나요?" 이번에는 장애인 마라토너가 말했습니다. "만들어주시면 좋죠." 박 시장, "그렇게 되도록 해봐야겠네요."

그들과 헤어지고 박 시장이 문 의원에게, "장애 없는 사람들은 관심 갖지 않는 것들도 저분들에게는 정말 절실한 경우가 많아요. 눈에 잘 안 띄지만 시민 누군가에게는 꼭 필요한 것들을 찾아 집안 살림 하듯 세심하게 챙기는 게 행정인데……"

"행정은 살림하는 것과 비슷하다"는 말이 인상적이었습니다. 눈에 안 보이는 구석의 먼지까지 깨끗이 청소하는 주부더러는 "일 안 하고 논다"고 하고, 빛내서 비싼 가구나 사들이는 주부더러는 "일 잘한다"는 집안이 있다면, 그 집안은 곧 망합니다.

20140412

유능한 악당

개인 명의로 학교를 세워 교육청 보조금으로 건물을 지은 뒤 학교 문을 닫아 한몫 크게 챙긴 '악당'더러 유능하다고 하는 사람도 있습니다.

평범한 사람들이 돈 많은 악당을 부러워하고 칭송하는 사회는,
'악'으로 물들 수밖에 없습니다.

20140415

믿음과 진실

옛날 제정일치 시대에는 종교와 정치, 과학이 분리되지 않았습니다. 통치자의 주장이 법이자 진리였죠. 몸은 21세기에 있지만, 의식은 기원전 시대에서 벗어나지 못한 괴물이 너무 많은 듯합니다. 사람을 반인반신으로 섬기는 문명 파괴자들.

간첩이라고 확신해서 증거를 조작했으니 봐줘야 한다는 사람도 많군요. 성추행하고서는 "성매매 여성인 줄 알았다"고 변명하는 사람들과 어쩌면 이다지도 똑같은지…… **'믿음'이 '진실'에 우선하던 시대가 중세 '암흑기'입니다.**

작은 부품 하나만 불량이어도 신제품으로 교환해달라고 악다구니 치는 사람들이 "국정원에 허점이 드러나서 송구스럽게 생각한다"는 형식적인 사과에는 입을 다뭅니다. **불량품 팔고도 뻔뻔한 '악덕 상인'을 만드는 건 모자란 소비자들입니다.**

〈조선일보〉가 사설 제목을 "국정원·검찰이 민변에 완패했다"로 뽑았군요. 증거 조작 사건이 무슨 축구 시합인가요? **'거짓'과 '진실'을 대등한 위치에 놓고 경쟁시키는 언론이 세상을 거짓과 악으로 물들입니다.**

20140415

2장

2014년 4월 16일, 그 이후

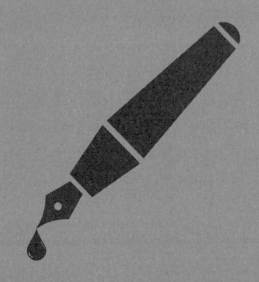

날벼락

세월호 침몰. 이게 무슨 날벼락인가요? 제발 모두 무사하길……

정부가 '선진화'를 외친 게 몇 년째인데, 어떻게 이런 전형적인 후진국형 사고가 나는지…… 선진화는 민영화와 규제 완화가 아니라 필요한 규제와 감독을 제대로 하는 거 아닐까요?

대형 참사가 났는데 "전라도 홍어들이 고향 용궁으로 돌아가겠다는데 왜 막냐……" 따위 댓글을 다는 것들이 '인간'으로 행세하는 사회라면, 그 사회는 이미 '인간의 사회'가 아닙니다. 저들에게 저런 생각을 심어놓은 자들에게 천벌이 있기를……

슬픔과 노여움은 궁극적으로 하나인 것 같습니다. 이번 사고에서 느끼는 감정도 슬픔과 분노요, 저런 댓글을 다는 괴물들에게 느끼는 감정도 슬픔과 분노입니다. "슬픔도 노여움도 없이 살아가는 자는 조국을 사랑하고 있지 않다."_네크라소프

"구조 수색 장비 확보, 수중 구조 요원 양성." 1993년 서해훼리호 사건 후속 대책으로 제시된 것들입니다. 21년이 지난 지금 뭐가 달라졌나요? **역사는**

140자로 시대를 쓰다

한 번 가르쳐준 걸 잊어버리는 자들에게 아주 냉혹합니다. 어떤 문제에 대해서든.

대형 참사 소식에 악플 다는 것들이나, 가까스로 구조된 학생들에게 "죽은 학생은 어떤 학생이었냐"라고 질문하는 기자들이나…… 하나는 '익명'이고 하나는 '기자'라는 사실만 빼면 너희 둘의 차이가 뭐냐?

승객들에게는 "자리에서 가만히 있으라"고 방송해놓고 승무원들이 먼저 탈출했다? 이게 사실인가요? 서울 시민들에게 '안심하라'고 방송하고 저 먼저 탈출한 뒤 한강 다리 폭파해버린 이승만이 떠오르네요. '이승만 정신'으로 무장한 사람이 너무 많군요.

어쩌면, 남을 위해 자기를 희생한 사람보다는 자기를 위해 남을 희생시킨 사람들을 더 대접하고 존경하는 비루한 문화가, 이런 행태를 낳은 건지도 모릅니다.

"사고 원인을 철저히 규명하고 다시는 같은 일이 벌어지지 않도록 대비해야 합니다." 지당한 말인데, 대형 사고 때마다 똑같은 멘트를 수십 년째 듣고 있자니, 이 말에도 참기 어려울 정도로 화가 치미는군요. 다시는 똑같은 말 듣고 싶지 않습니다.

지금 사망자 1인당 예상 보상금 액수가 중요한가요? 국민이 관심 갖는 게 '사망자 보험금'이라고 생각했기에 구조 작업 진행 중인 상황에서 저런 방송 화면을 내보냈겠죠. 아, 한국 언론, 한국인, 한국의 민낯을 보는 참담함.

<u>"나만 아니면 돼"나 "나부터 살고 봐야지" 같은 생각이 죄는 아닙니다. 하지만 이런 생각을 당연시하는 사회, 이렇게 생각하는 사람이 '평균적 인간'인 사회에서는, 모두의 삶이 위태로울 수밖에 없습니다.</u>

20140416

140자로 시대를 쓰다

그대 같은
젊은이에게

선장, 항해사, 기관장 다 탈출했는데 어린 승무원 혼자 승객들 구조하다 목숨을 잃었답니다. 침몰하던 그 배가 이 사회의 축도 같네요. 노인이 아니라 젊은이가 귀감인 사회. 너무 안타깝지만 그대 같은 젊은이가 있어 한편으로 희망을 봅니다. 고맙고 미안합니다.

책임은 지지 않으면서 제 것 챙기는 데에는 그악스럽고, 그러면서도 대접은 받으려 들고…… 이런 게 이 사회 지도층과 어른들의 평균적 모습이 된 건 아닐까요? 젊은이들더러 '버릇없다'고 나무라기 전에 제 모습을 먼저 자기 마음의 거울에 비춰봐야 할 겁니다.

대다수 신문의 기사 제목이 "박 대통령 뜬눈으로 밤새워"네요. 아예 "성상께서 옥체를 돌보지 않으시고 노심초사하시니 황공무지로소이다"라고 뽑지…… 왕조 시대 간신의 악령에 사로잡힌 것들이나, 그에 현혹되는 것들이나, 그를 이용하는 것들이나.

구조 지휘자가 대통령에게 "지금은 한시가 급하니 브리핑할 수 없습니다. 보고는 구조 작업을 끝낸 뒤에 하겠습니다"라고 얘기

해도 아무런 불이익을 받지 않는 나라, 그런 나라에서 살고 싶습니다.

아직도 '나랏님'이라는 말을 쓰는 사람이 있다니, 20세기 초에 언어생태계에서 멸종되어 박물관에 들어간 단어인데…… 역사가 퇴보하는 게 정치 탓만은 아닙니다.

20140417

140자로 시대를 쓰다

방송의 필터

"방송이 보여주는 것과 현장 상황은 전혀 다르다"가 세월호 실종자 가족들의 한결같은 증언이네요. 수백 명의 목숨이 걸린 일에도 이러는데, 다른 '현장'에선 어땠을까요? 방송이 이 지경이 된 데에는 보여주는 것만 보고 믿어버릇한 시청자들의 책임도 있을 겁니다.

만약 기네스북에 '단일 사건에 대한 연속 오보' 항목이 있다면 아마 세월호 침몰 사건이 1위일 겁니다. 대체 누가, 어떤 의도로, 자꾸 희생자 가족과 국민을 속이려 들었는지, 나중에라도 꼭 밝혀내야 할 겁니다.

지금의 정부와 언론이 도대체 누구더러 '불신 풍조'를 조장하지 말라고 비난할 수 있을까요?

20140418

시대의 자화상

공개 장소에서 들은 어떤 대화. "그 다섯 살 먹은 애는 친척들이 서로 데려 가려고 난리칠 거야." "그럼, 보상금이 얼만데, 봉 잡는 거지." 인간이 너무 싫어지는 순간. 세상에 이런 동물이 또 있을까요? 하지만 저런 인간상이 이 시대의 자화상일지도.

아직 애들이 배 안에 갇혀 있는데, 자칭 애국 보수 단체가 '세월호 희생자를 위한 추모제와 촛불문화제'를 연답니다. 저런 자들이 애국 시민이라고요? '사랑'이 무슨 뜻인지나 알고 써라. **기다림을 멈추지 않는 게 사랑이다.**

정부의 부실한 대처를 나무라는 학부모들의 절규까지 종북 좌파의 선전 선동으로 몰아가야 하겠냐? 너희에게 '인성'이란 게 있기는 한 거냐?

20140418

악의 평범성

6·25 전쟁 중 국군이 북진할 때 고위 장교를 태운 차가 어린아이를 치어 죽였습니다. 장교가 그 부모에게 사과했습니다. 그 부모는 "제 팔자인 걸 어쩌겠습니까?"라며 아무런 항의도 하지 않았습니다. 장교는 그 집에 쌀과 쇠고기를 보냈습니다.

아마 그 부모는 국군 장교에게 항의했다가 남은 자식까지 잃을지도 모른다고 걱정했을 겁니다. **정부에 항의하지 않아야 '애국 학부모'고, 항의하면 '종북종자'라는 저런 생각이 득세하면, 온 국민이 '점령지 포로'가 됩니다.**

저런 주장의 끔찍한 패륜성도 문제지만, 저들의 언사가 이 사회 주류 담론의 위악적 표현에 불과할 수 있다는 게 더 큰 문제입니다. 이대로 가면, **'악의 평범성'에 대한 새로운 연구 대상은 한국이 될 수 있습니다.**

20140419

장군의 고군분투

〈조선일보〉가 사설에 "정부는 허둥대는데 대통령이 고군분투한다"고 썼군요. 수많은 부하를 붙여줬는데도 부릴 줄 몰라 외롭게 분투하는 사람이 있어야 할 곳은 '졸병' 자리입니다. 무슨 비방을 이렇게 하나?

치료 과정에 문제가 있어 환자가 죽었는데 항의하는 유가족 입을 막으려 협박하는 자가 있다면, 십중팔구 병원이 고용한 용역 깡패입니다. 용역 깡패가 득실대는 병원이 좋은 병원일 리는 없습니다.

"임금은 어질고 총명하신데 주변의 간사하고 무능한 신하들이 문제"라는 논리는 조선시대 무지한 백성들의 논리입니다. 어질고 총명한 임금이 왜 간사하고 무능한 신하를 곁에 둘까요?

20140420

상정常情

이젠 국회의원까지 나서서 정부의 부실한 대처에 항의하는 사람들을 종북으로 몰아가는군요. "일단 사고가 나면, 뒤처리가 중요합니다"라고 광고하는 보험회사들, 전부 종북 혐의로 수사해야겠네요.

조현오 씨는 천안함 희생장병 유족들을 두고 "짐승처럼 울부짖는다"며 "선진국이 되려면 슬퍼하는 방식도 격을 높여야 한다"고 했습니다. 이번엔 정몽준 의원 아들이 실종자 유가족을 보고 "국민 정서 미개하다"고 했네요. 이들의 정서는 왜 이리 같을까요?

"얼마나 추웠을까?" "얼마나 무서웠을까?" "얼마나 고통스러웠을까?" 이런 생각이 '인지상정'입니다. 실종된 아이들과 그 부모에게 공감하는 게 '상정'을 가진 사람의 정서입니다. 그런데 우리 사회 상층부에는 '상정 없는 것들'이 너무 많은 듯합니다.

사람이라면 '상식常識' 이전에 '상정常情'이 있어야 합니다. 부족한 상식은 공부해서 채울 수 있지만, '상정'이 없으면 아무리 많이 공부해도 인간이 될 수 없습니다.

과거 일본군이 조선인 '위안부'를 그토록 모질게 학대했던 것은, 자기 누이나 딸은 절대로 저렇게 될 리 없다는 확신이 있었기 때문입니다. 인간의 인간에 대한 '반인간적 범죄'의 배후에는 언제나 '우리는 저들과 다르다'는 확신이 있었습니다.

'공감'이란 공동체 구성원이 공유하는 감성이라 할 수 있습니다. 실종자 가족을 보고 "오죽하면 저럴까"라 하는 것은 자기도 저렇게 될 수 있음을 알기 때문이고, "미개하다"고 하는 것은 자기는 절대로 저렇게 될 리 없다고 믿기 때문입니다.

"나는 저들과 다르다"나 "저 미개한 것들은 사람 되려면 멀었다" 같은 감성은 '공동체 외부'에 있는 타인의 감성입니다. 그런데 식민지 노예 생활을 오래해서인지, 자기를 '사람 취급하지 않는' 타인을 존경하고 숭배하는 사람들이 참 많은 듯합니다.

옛날 왕들은 나라에 재난이 생기면, 먼저 "이게 다 과인이 부덕한 소치요"라며 자책했습니다. 그러니 지금 대통령을 '제왕적 대통령'이라고 하는 건 옳지 않습니다.

20140421

악의 없는
대량 학살

외신들이 선장을 '살인범'이라고 하는 게 타당하냐는 질문을 던지고 있군요.
그보단 무책임하고 무능한 지도자는 악의 없이도 대량 학살을
저지를 수 있음을 보여주는 생생한 실례라 하는 게 옳을 겁니다.

20140422

천황제의 유산

"박 대통령의 특징은 정부의 스캔들이나 실책이 비판받아도 지지율이 떨어지지 않는 점이다."_일본 〈마이니치신문〉

남 말처럼 하네요. "잘되면 천황 덕, 못되면 내각 탓"이라고 가르친 일본 천황제 군국주의의 유산을 공유하는 처지에.

과거 일본 군국주의자들은 천황을 '현인신現人神'이라 불렀습니다. 지금 한국인 일부는 대통령의 아버지를 '반인반신'이라 부릅니다. 최고 통치자를 '신성불가침'의 자리에 모셔두고 아랫것들만 탓한다는 점에서, 둘은 매우 흡사합니다.

"천황을 신으로 받들어 모심으로써 일본인들은 '아니요'라고 말하지 못하는 사람들이 돼버렸다. 그게 오늘의 비극을 낳았다." 태평양전쟁 종전 뒤 일본 사회 일각에서 나온 반성입니다. 하지만 원자폭탄도 지도자를 신격화하는 의식을 완전히 부수진 못했습니다.

지금도 "대통령이 국민 편에 서서 무능한 정부 관리들을 질책한다"며 감격하는 사람들이 꽤 있더군요. 이런 사람들이 있는 한 어떤 정부 관리도 '아니요'라는 말을 못합니다. 나라의 비극은, '아니요'란 말을 못하는 데에서 시작합니다.

20140422

140자로 시대를 쓰다

인간에 대한 예의

정부의 부실 대처에 대한 국민적 공분을 '시체 장사'라고 표현한 자가 있군요. 이자가 좌냐 우냐, 보수냐 진보냐를 따지면 안 됩니다. 인간에 대한 예의, 생명에 대한 외경심을 버린 자는, 인간이 아니라는 사실을 깨닫는 게 중요합니다.

2차 세계대전 후 유대인 수용소의 참상이 드러났을 때, 인류는 그동안 자기들이 상상했던 어떤 악마도 인간보다 악하지는 않다는 사실을 깨달았습니다. 독일인들이 본래 악했던 건 아닙니다. 그들은 '악마성'에 사로잡힌 자들을 알아보지 못했을 뿐입니다.

20140422

안
보

청와대가 "이번 사건은 안보 문제 아니다"라며 선을 긋는 게 진짜 문제 아닌가요? 국민이 국가입니다. 국민의 생명을 안전하게 지키는 게 안보입니다.

"NSC가 안보뿐 아니라 재난 대응까지 총괄토록 한 참여정부와 달리, 이명박 정부는 NSC를 해체하고 그 기능을 각 부처로 분산했다. NSC를 부활시킨 박근혜 정부도 재난 대응 기능만큼은 다시 가져오지 않았다." 이 대목이, 참 아프게 다가옵니다.

'안보' 하면 북한만 떠올리고, 큰 사고가 나면 '북한 소행 가능성'만 읊어왔으니, 이런 국가적 재난에 허둥지둥하는 것도 어쩌면 당연한 결과겠죠.

20140423

이간

지금 우리 국민은 진보와 보수로 나뉜 게 아니라,

희생자와 그 가족에게 공감하는 사람과,

대통령과 그 부하들에게 공감하는 사람으로 나뉘어 있는 듯합니다.

대통령에게 공감하는 사람들이 희생자 가족 가슴에 대못을 박는 게,

이 정부와 이 나라의 비극입니다.

'종북 좌파 학부모', '학부모를 가장한 선동꾼', '국민 정서 미개',

'시체 장사', '국민 의식을 재정비할 좋은 기회',

'슬픔을 조절하지 못하는 광기의 사회'……

정부와 대통령을 편들려 하는 이런 말들이,

실은 대통령과 국민을 이간하는 말입니다.

20140423

데자뷔

인명 피해 사망 292명(승선 인원 362명, 70명 구조), 재산 피해는 선박 1척 소실. 서해훼리호 침몰 사고는 당시 신문을 비롯한 각 언론 매체에서 "후진국에서나 있을 수 있는 실로 어처구니없는 일"로 보도해 온 국민의 관심을 집중시켰다.

사고 원인이 밝혀질수록 국민들의 실망은 더욱 깊어졌다. 당국의 관리 감독은 형식적이었다. 기상 체크도 제대로 이뤄지지 않았다. 선장은 자질이 부족했고, 항해사는 휴가 중이라 업무를 갑판장이 대신했다. 안전요원은 단 2명이었다.

사고 직후 위급 상황을 알려준 사람도 없었고, 해난 구조 체계에도 구멍이 뚫려 있었다. 경찰 헬기는 신고 접수 후 30분 뒤에 출동했고, 군산해양경찰서 소속 경비함정은 사고 현장에 1시간 뒤에 도착, 시체 인양 정도로 만족해야 했다.

향후 유사 사고의 대책으로는 승선 인원의 철저한 확인 및 승선 인원 통제 등 철저한 안전 대책이 요구되며, 소방 측면에 있어서 구조 수색 활동에 참여할 수 있는 장비 확보와 수중 작업이 가능한 전문 인력 양성 등의 대책이 요구되고 있다.

이상 서해훼리호 참사에 대한 '국가기록원'의 공식 기록입니다. 이번 참사와 다른 점이 얼마나 될까요? 1993년에도 '후진국에서나 있을 수 있는 일'이라

했는데, 그 일이 2014년에 또 일어났습니다. 한국이 퇴보 중이라는 명백한 증거입니다.

이명박 정부도 박근혜 정부도, '규제 완화'가 '선진화'라고 주장했습니다. 하지만 그 규제 완화가 '이윤의 사유화, 위험과 비용의 사회화'라는 '후진성'만 강화한 건 아닌지요. 기업들의 눈엣가시만 뽑아주려다간, 국민들 가슴에 대못을 박을 수 있습니다.

"구조 수색 활동에 참여할 수 있는 장비 확보와 수중 작업이 가능한 전문 인력 양성." 이것만 제대로 했어도 이번 참사의 피해, 크게 줄일 수 있었을 겁니다. 국민의 안전불감증이라고요? 중증 안전불감증 환자는 정부입니다.

20140423

구원파

"일단 구원받으면 죄를 지어도 괜찮다."
기독교 이름을 내걸고 이런 교리를 설파하는 종교 집단이 다른 나라에도 있
나요? 다분히 한국적인 거 같아서……

일단 대학만 가면,

일단 출세만 하면,

일단 부자만 되면,

일단 당선만 되면……

20140423

망각은 죄의 편

눈물이 흘러 뉴스를 보기 어렵습니다. 구명조끼 끈으로 서로를 묶고 함께 죽은 아이들, 브랜드 명으로 시신의 특징을 알려주는데 자기 아이한테는 그런 것 못 사줬다는 어머니…… 나라를 이리 만든 모두의 책임입니다. 내 책임 아니라는 분들, 안녕들 하십니까?

서해훼리호 참사, 성수대교 붕괴, 삼풍백화점 붕괴…… 김영삼 정부에 대한 비난이 빗발쳤습니다. 하지만 그때는 김영삼 탓한다고 종북이니 선동꾼이니 미개하니 하는 자들은 없었습니다. 20년간 이런 심장 없는 무리들만 '성장' 한 건가요?

누군간 이 일이 빨리 잊히기를 바랄 겁니다. 잊는 게 정신 건강에 좋을지도 모르죠. 하지만 서해훼리호 참사를 잊었기에 이런 일이 또 일어났습니다. 떠난 애들뿐 아니라 우리 아이들 모두에게, 잊는 건 죄입니다. 망각은 언제나 죄의 편입니다.

20140424

위기 관리

해수부 위기 관리 매뉴얼에 '대형 해상 사고 발생 시 충격을 상쇄하고 여론의 관심을 돌릴 아이템을 발굴하라'는 내용이 있답니다. 굳이 다른 거 발굴할 필요 있나요? 모든 걸 덮어주는 마법의 주문이 있는데…… "북한 도발 임박."

정부의 위기 대응 매뉴얼 내용 일부가 어째 범죄 교본과 비슷한 것 같네요. "대신 뒤집어쓸 놈을 찾아라." 범죄자의 농간에 넘어가는 경찰이 등신이라면, 이런 충격 상쇄 술수에 넘어가는 국민은 뭐라 해야 하나요?

20140425

140자로 시대를 쓰다

실소유주의 책임

청해진해운 실소유주더러 '죽일 놈'이라는 사람 많네요. 그가 사고 낼 줄 알면서 저런 사장 뽑고 선장 고용한 것도 아닌데…… 하지만 실질적 소유주니 무한책임을 지우는 게 옳겠죠. 그런데 주식회사 대한민국의 사장과 선장, 소유주는 각각 누구인가요?

청해진해운이 자기네 종교 신도만으로 사람을 뽑았다는 말에 "저러니 사고가 안 나?"라며 흥분하는 사람도 많습니다. 하지만 그는 종교나 고향이 같다고, 또는 자기가 좋아하는 사람이 추천했다고 파렴치범까지 국회의원으로 뽑아주는 보통의 한국인 중 한 명일뿐입니다.

20140426

엄마

어떤 대화. "한국놈들이 미개한 건 맞아. 아무리 자식이 죽었어도 그렇지, 국가원수에게 소리나 지르고…… 여자들이 더 호들갑스러워." 몇 명이 맞장구치는 가운데 상대적으로 젊은 여성의 한마디. "엄마잖아요." 대화 종료.

자식이 아프면 몇 배 더 아픈 엄마,
자식이 잘못하면 대신 책임지는 엄마,
자식을 구하기 위해 제 목숨마저 던지는 엄마.

그런데

"어머니의 마음으로 국민 모두가 행복한 대한민국을 만들겠다"던
분이 왜 이러시는지.

20140426

간절함

"종북 좌파 학부모" "선동꾼" "미개한 국민" "눈물감성쇼"…… 세월호 침몰을 초대형 참사로 이끈 건, 어쩌면 희생자와 가족들의 간절함마저 조롱하고 왜곡하며 적대하는 이런 생각들일 겁니다. '간절'이 없는 곳엔, '최선'도 없습니다.

총리에게 물병 던지고 대통령에게 소리 지른 실종자 부모, 방송 도중 눈물 흘린 앵커…… 이들을 비난하는 태도가 지배하는 사회에선 공감과 간절함조차 죄가 됩니다. 가장 위험한 사회는, 공감과 간절함이 사라진 사회입니다.

20140426

감정조절 장애

〈한국경제〉 논설위원이 유가족들더러 감정조절 장애에 함몰되어 있는 것 같다고 했군요. 진짜 감정조절 장애에 함몰된 건 "왜 저리 슬퍼하는지 모르는" 자들이죠. 300명이 죽어가는데도 멀뚱히 바라보는 '냉혈 국가'를 만든 건, 이런 감정조절 장애인들입니다.

자식 잃은 슬픔에 몸부림치는 유가족이 미친 건가요, 그들더러 '감정조절 장애'라 하는 자가 미친 건가요, 이런 자들이 유가족을 정신병자로 몰아가면서까지 두둔하는 정부가 미친 건가요, 유가족과 슬픔을 나누는 국민이 미친 건가요?

유족들을 종북 선동꾼, 미개인, 감정조절 장애인이라 부르는 자들, 유족들이 보는데도 거짓 방송을 하는 자들, 사람들이 죽어가는데 돈 따지는 자들, 이들이 진짜 '감정조절 장애인'입니다. 대량 살인을 저지른 건, 이 '감정조절 장애 국가'입니다.

20140426

죽일 놈

선장과 선원 놈들, 선사 놈들, 해피아 놈들, 해경 놈들, 언딘 놈들…… 마음에 짚이는 '죽일 놈'들을 다 합하면 300명의 몇 배는 될 겁니다. 그들 모두가 우리 이웃이고 그중엔 '존경'받던 사람도 있습니다.
죽여야 할 건, 우리의 기존 '가치관'입니다.

"돈 때문에 저 꽃다운 아이들을 상상할 수 없는 공포와 고통에 몸부림치다 죽게 만들었냐?" 이게 지금 우리 사회 '공분'의 핵심 중 하나인 듯합니다. 또 다른 희생을 막으려면, 이 질문을 자신에게 던지는 습관을 들여야 할 겁니다.

20140426

성금

'세월호 희망 모금'이 시작됐군요. 성금을 내고 나면, 저도 모르게 "이제 내 할 일은 다 했다"는 생각을 갖게 됩니다. **성금은 희생자들을 '기억'하기 위해서가 아니라 '잊기' 위해서 내는 겁니다. 나중에, 잊어도 될 때, 그때 냅시다.**

성금은 희생자들에 대한 집단적 죄의식을 씻고 평온한 일상으로 되돌아가기 위한 종교적 의례라 할 수 있습니다. 하지만 성금이 회개의 징표는 아니라 는 거, 잊으면 안 됩니다.

20140428

목숨 값

노동자가 파업했다고 수십억 원 배상시키는 나라, 2400원 횡령했다고 버스 기사 해고하는 나라, 희생자들에 대한 국가 배상과 책임자 문책도 그런 나라 수준에 맞게 해야겠죠.

머잖아 언론은 "사상 최고액 보상금" 운운하는 기사를 낼 거고, 그에 부화뇌동하여 "자식 잃고 팔자 고쳤네" 같은 소리 지껄이는 무리도 나올 겁니다. 이런 게 희생자를 두 번 죽이는 짓이라는 거, 미리 기억해둘 필요가 있습니다.

참사에 대한 집단 기억을 빨리 지우고 싶은 자들은, 돈으로 이 슬픔과 분노를 무마하려 들 겁니다. 이번에 돈이면 안 되는 게 없다는 믿음을 깨지 못하면, 저 아이들의 참혹한 희생은 결국 돈으로 환산되고 맙니다.

회사와 통화하느라 승객들 방치한 세월호 선장, 윗선 다칠까봐 인양 작업 중단시킨 언딘 간부. 모두 윗선 눈치만 보는 노예들입니다. 승객들을 죽인 건 이런 반민주적이고 독재적인 기업 문화입니다. **민주주의가 밥 먹여주느냐고요? 민주주의는 목숨입니다.**

20140428

2014년의 우리

"위아래 할 것 없이 다 썩었다." 옳습니다. 나 너 할 것 없이 다 썩었습니다. 땅 파고 빌딩 짓는 것만 발전이 아닙니다. **관행과 문화를 바꾸는 것, 사람 사이의 관계를 바꾸고 사람의 마음을 바꾸는 게 진정한 발전입니다.**

대통령이 "과거로부터 겹겹이 쌓여온 잘못된 적폐" 때문에 참사가 빚어졌다며 이번에도 '과거' 탓을 하셨는데, 그 '과거'가 어느 시점인지 정확히 아는 게 중요합니다. 고조선시대? 이승만 시대? 박정희 시대?

같은 시각에 함께 있다고 해서 같은 시대에 함께 사는 건 아닙니다. 지금도 왕조 시대에 사는 사람이 있고 심지어 제정일치 시대에 사는 사람도 있습니다. 후진국 시대로 되돌아가 살려는 사람이 많았기에, 후진국형 대형 참사가 일어난 거겠죠.

세월호 침몰과 구조 과정, 보도 양상을 보면 나쁜 인간이 참 많다는 생각이 듭니다. 나쁜 인간이 해운업계, 정부, 언론계에 유독 많은 건 물론 아닐 겁니다. **이게 한국인의 평균적 인간성이겠죠. 모두 조금씩 착해지는 것밖엔 길이 없을 것 같습니다.**

140자로 시대를 쓰다

9·11 테러 때는 무너져가는 건물에 뛰어들었다가 목숨을 잃은 소방관이 343명이었습니다. 세월호 참사 때 침몰하는 배 안으로 다시 뛰어든 사람은 비정규직원 2명과 여학생 한 명뿐이었습니다. 이게 '**2014년의 우리**'였다는 거, 잊지 맙시다.

언론이 유족들의 애끓는 마음은 외면하고 대통령의 '심기'만 살피는데, 대통령이 무슨 수로 유족들의 마음을 알 수 있을까요? 옛날에 군주와 백성을 이간시킨 건 간신들이었지만, 지금 공감 능력 없는 대통령을 만드는 건 언론입니다.

"죽은 애들이 효도한 거다. 애들이 죽지 않았으면 그 부모들이 언제 그런 큰 돈 만져보겠나?" 이런 말 했다는 사모님, 물론 당신 자녀는 살아 있는 게 효도겠죠? 당신이 한국 자본주의의 얼굴마담입니다.

"알바에게는 장례비 지급할 수 없다"는 청해진해운의 '경영철학'과 "가난한 집 자식들은 보상금 많이 받고 죽는 게 효도"라는 생각은, 똑같은 '인간관'에 기초한 겁니다. 돈으로 사람의 등급을 나누는 '신귀족주의'.

20140429

악마의 시스템

"먼저 현장에 도착했지만 해양구조협회 회원이 아니라 대기하고 있어야 했다."
_민간 잠수사

먼저 돈을 내야 사람 목숨 구할 자격을 주는 게 '과거로부터 누적된 적폐'는 아닙니다. 이건 신자유주의가 만든 최근의 현상입니다.

사람 목숨 구하는 일에 회비를 냈는지 안 냈는지 따지는 인간들과, 산 사람 죽인 뒤 그 장기를 팔아넘기는 악마들 사이에는 일의 '선후' 차이만 있을 뿐입니다. 이런 사회 시스템은 이미 '악마의 시스템'입니다.

이번 일은 "대통령이 사과까지 했으니 뒷일은 알아서 잘 처리하겠지" 하고 넘어가서는 안 될 것 같습니다. 과거로부터의 '적폐'라 했지만, 과거 어느 때에도 국가기관들이 아이들 죽이는 방향으로 움직였던 경우는 없었습니다.

'사과'란 "내가 좀 지나쳤다. 미안하다"란 뜻이고, '사죄'는 "내가 잘못했다. 용서해다오"라는 뜻입니다. 사과로 넘어갈 수 있는 선이 있고, 사죄로 용서할 수 있는 선이 있습니다. 사과나 사죄로는 결코 용서할 수 없는 일도 있습니다.

20140430

욕망의 민낯

사람들은 대개 자기가 바라는 걸 이뤄줄 것 같은 사람에게 투표합니다. 남에게 투표하는 게 아니라 자기 '욕망'에 투표하는 거죠. 그래서 당선자는 그 시대 다수 욕망의 화신일 뿐입니다. 정부는 국민의 '민낯'입니다.

현재를 예견한 두 개의 광고 카피가 있었습니다. "부자 되세요"와 "내 아인 다르다." 다수결 사회에서, 세상은 다수의 욕망에 따라 움직입니다. 다수의 욕망이 실현되지 않을 뿐.

20140430

감정 정치

KBS 보도국장이 앵커들에게 "추모 분위기가 지나치게 조성될 수 있으니 검은색 옷을 입지 말라"고 했답니다. 이런 지시가 통하는 시대에는 내 감정조차 내 감정이 아닙니다. 권력과 언론의 농간에 조종당하는 감정입니다.

식민지 시대와 군사 독재 시대에, 권력과 언론은 '명랑'과 '스마일'을 권장했습니다. '명랑 사회 건설', '명랑운동회', '스마일 운동' 같은 구호와 프로그램, 캠페인들이 난무했죠. 웃을 수 없는 세상을 만들어놓고 억지로 웃으라고 강요하는 건, 감정에 대한 폭력입니다.

"앵커가 검은 옷을 입으면 추모 분위기가 지나치게 조성될 수 있다"는 KBS 보도국장의 말, 국민의 감정까지 조작하고 통제해서 정치적으로 이용하던 독재의 유산입니다. 저런 작태야말로 척결해야 할 '과거로부터 내려온 적폐'입니다.

"추모 분위기가 지나치게 조성되지 않아야 한다"는 게 KBS 보도국장 개인의 독자적인 판단인진 몰라도, 만약 희생자들을 추모하는 국민의 마음을 이런 식으로 억눌러야 유리한 정치 세력이 있다면, 그들은 반민주적이기 이전에 반인륜적이라 해야 할 겁니다.

20140501

성공에 대한 집단강박증

"발전과 성공의 강박증에 걸린 이 나라가 능력시험에서 떨어진 것."
_〈워싱턴포스트〉
"독재자의 딸에게는 치욕적인 순간이었을 것."_〈뉴욕타임스〉
앞의 것이 원인이고 뒤의 것이 결과입니다. 후진국형 지도자를 낳은 건, 발전과 성공에 대한 집단강박증입니다.

정부는 국민의 민낯입니다. 돈보다 사람을 앞세우는 문화, 행운보다 행복을 중시하는 문화, '많이 벌어야 하는 사회'보다 '적게 써도 되는 사회'를 지향하는 문화로 바꿔야, 후진 정부를 선택하는 후진 국민 처지에서 벗어날 수 있을 겁니다.

고2 부모들 대다수가 자녀들에게 공부 열심히 해야 성공한다고, 게임하지 말라고, 휴대폰 좀 그만 보라고, 그렇게 잔소리들 했을 겁니다. 그런데 성공해서 정부 고위직, 기업체 임원, 메이저 언론사 기자가 된 사람들 다수가, 이번에 무슨 짓을 어떻게 했던가요?

"부도덕해도 좋다, 공부만 잘해다오"가 부도덕한 지식을 낳고, "부도덕해도 좋다, 경제만 살려다오"가 부도덕한 권력을 낳습니다. "부도덕해도 좋다, 먹고 살게만 해다오"는 생명조차 위협하는 세상을 낳습니다.

20140501

물신주의와
일사불란

"세월호 침몰 순간, 청해진해운은 승객 구조는 팽개치고 화물량 기록을 조작했다."
현재 한국을 지배하는 '물신주의'가 이겁니다. 돈을 자기 목숨보다 더 중히
여기지는 않으나, 남의 목숨보다는 더 중히 여기는 것.

선장이 승객들 버리고 탈출하자고 했을 때, "너도 인간이냐? 승객들 먼저
탈출시켜야지"라고 항의하거나 대열에서 이탈해 승객을 구조한 선원은 한
명도 없었습니다. **어느 사회든, 관리 집단이 부도덕과 '일사불란'을 겸비하면 이렇
게 됩니다.**

세월호의 항해사, 기관장, 갑판장, 그들 중 누구 한 명이라도 선장더러 "이
나쁜 놈아, 너 같은 게 선장이냐?"라고 욕을 했다면, 저 많은 승객이 죽지는
않았을 겁니다. 하지만 그들은 선장에게 욕을 퍼붓기는커녕, 그를 '모시고'
함께 탈출했습니다.

부도덕하고 무능한 선장의 지시를 '일사불란'하게 이행하는 게 미덕인 줄
알고, 승객은 죽을 곳에 내팽개치더라도 선장만 잘 '모시면' 된다고 믿는
인간들, 세월호에만 있었던 건 아닐 겁니다.

선장의 지시에 따라 '일사불란'하게 탈출한 선박직 선원들. 안내방송에 따라 '일사불란'하게 제자리를 지킨 승객들…… '일사불란'의 두 가지 작동 방식. 한 집단은 전원 생존, 한 집단은 몰살.

20140502

안내방송

이승만을 숭배하는 자들이 다스리는 나라에서는 이승만을 닮는 게 영광입니다. 세월호 선장 이준석은 서울 시민에게 안심하라 방송한 뒤 한강 다리 폭파하고 탈출했던 이승만의 아류 중 한 명일 뿐입니다. 이승만이 '국부'면 이준석은 '모범 선장'입니다.

앵커에게 검은 옷 입지 말라 한 KBS 보도국장, 유족들 통곡 장면 내보내지 말라는 MBC 보도국장. "제자리에서 가만히 있으라"던 세월호 안내방송은, 대한민국호에서 지금도 이렇게 계속되고 있습니다.

20140503

사람 사이

'인간人間'이란 '사람 사이'라는 뜻입니다. 인간다움의 본령은 사람과 사람 '사이'에 있습니다. 더불어 살고 공감할 줄 알기에 인간입니다. 공감하지 못하는 자는 인간답지 못한 자이고, 공감을 방해하는 자는 인간성을 파괴하는 악귀입니다.

"유족들이 우는 모습을 내보내지 말라"고 지시한 방송국 간부와 그 배후에 있는 자들은, 공감을 방해하려는 자들입니다. 그런 자들이 지배하는 세상에 선 '인간성'이 파괴될 뿐 아니라 인간 자체가 죽습니다. 공감이 없는 곳엔, 인간도 없습니다.

20140503

인간다운 정치

"박근혜 대통령님 밤잠 못 이루시는 게 가슴 아프다"면서도 유족들의 피눈물에 대해선 일언반구도 않는 사람, 저런 사람이 이 나라의 총리였다는 사실 하나만으로도, 300명 이상의 국민이 정부의 구조를 받지 못하고 처참하게 죽어간 이유를 알 수 있습니다.

"세월호 사고는 300명이 한꺼번에 죽어서 많아 보이지만, 연간 교통사고로 죽는 사람 수를 생각하면 그리 많은 건 아니다." _KBS 보도국장
이런 방송 뉴스를 보는 건, 밥 대신 '짐승 사료'를 먹는 것과 같습니다.

애타게 구조를 기다리다 죽어간 아이들과 그 부모들을 생각하면, 그들이 겪었을 공포, 절망, 그리움, 분노가 함께 느껴져야 사람입니다. 그런 걸 못 느끼는 자여야 출세하는 세상에선, 사람의 목숨은 한갓 숫자일 뿐입니다.

합동분향소에 일부러 찾아와 "정부가 못한 게 뭐 있냐. 왜 이러고 서 있냐"며 유가족들을 나무란 노인. 어쩌다 인성이 저렇게 됐는지…… 기억합시다. 잘못 늙으면, 몸만 망가지는 게 아니라 마음도 망가집니다.

누구를 지지하든 개인의 자유입니다. 하지만 자기가 지지하는 사람이 불편할까봐 자식 잃은 부모 맘까지 헤집는 건 인간이 할 짓이 아닙니다. 인간답지 않은 자들을 핵심 지지기반으로 삼으면, 어떤 정부도 인간다운 정치를 하기 어렵습니다.

20140504

권한과
책임

"대통령이 무슨 죄를 지었다고 저 난리들이냐"는 사람들, "저 아이들이 무슨 죄를 지었기에 저렇듯 참혹하게 죽어야 했나"로 질문을 바꿔보세요. 저 아이들은 이 나라에서 태어난 죄밖에 없습니다. 지금 이 나라의 관리책임자는 대통령입니다.

식당에서 밥 먹다 작은 돌 하나만 씹어도 사장 불러내 별 욕을 다 퍼붓는 인간들이 300명 넘는 생목숨을 수장시킨 정부더러는 "할 만큼 했다"느니 "대통령은 책임 없다"고 악을 씁니다. 아량을 베풀려면 식당 사장에게 베푸는 게 차라리 인간적입니다.

"대통령은 아무 잘못 없는데 유족들이 너무한다"는 자들 참 많습니다. 저들이 '너무한다'는 말을 쓰는 대상은 언제나 노동자, 해고자, 철거민, 장애인 등이 었습니다. 해도 너무하는 정부와 나라를 만든 건, 바로 저런 자들입니다.

어떤 집에서 강도 신고를 했는데 경찰이 늑장 부리다 일가족이 참살당한 뒤에야 도착했다면, 그때도 경찰 책임은 없다고 할 건가요? 세상에 이런 사람들뿐이면 경찰이 무엇하러 서두르겠습니까. 천천히 가서 시체나 수습하면 그만이지.

140자로 시대를 쓰다

세월호 침몰에 대해 정부는 관리 감독 소홀이라는 '간접 책임'만 지면 됩니다. 하지만 사고를 인지한 그 순간부터, 정부는 '직접 책임'을 져야 합니다.

"사고의 책임은 청해진해운에 있지만 참사의 책임은 정부에 있다."
_희생자 엄마들
이게 상식입니다.

20140505

부처님의 자비

"물욕에 눈이 어두워 마땅히 지켜야 할 안전 규정을 지키지 않았고, 그런 불의를 묵인해준 무책임한 행동들이 결국 살생의 업으로 돌아왔다." _박 대통령 아직도 뭘 사과해야 하는지 모르시네요. **대통령의 책임은 '재난'에 있는 게 아니라 '재난 대처'에 있습니다.**

차라리 "국가의 재난 대처 시스템이 작동하지 않는다면, 책임은 제게 있습니다"라고 한 오바마 미국 대통령의 말을 그대로 인용하는 게 나았을 겁니다. 지금 희생자 유족들과 국민이 묻고 있는 것은 '침몰'에 대한 책임이 아니라 '구조'에 대한 책임입니다.

해경이 배를 접수한 9시 35분부터 적어도 10시 11분까지, 배 안에서 정부의 구조를 애타게 기다리던 희생자들을 정부는 그냥 방치했습니다. 희생자와 유족들이 바란 건 '정부의 구조 의지와 능력'이지, '부처님의 자비'가 아니었습니다.

국가가 할 일을 '부처님의 자비'나 '하나님의 은총'에 떠넘기는 나라는, 나라가 아닙니다. 그건 거대한 사찰이나 교회일 뿐입니다. 현대 민주국가의 국민이 왜 '국가의 재난 대처 시스템'이 아니라 '부처님의 자비'에 기대야 하는 겁니까?

"유가족들께 부처님의 자비로운 보살핌이 함께하기를 간절히 기원
한다."_ 박 대통령
지금 부처님의 자비를 빌어야 할 죄인들은 유가족이 아니라 이런 시
대를 만든 '산 사람' 모두일 겁니다. 우리의 대표가 당신입니다.

20140506

통증과 질병

아직도 침몰이 참사로 이어진 경위를 전혀 모르고 유족들을 욕하는 인간이 많네요. 해경이 선장을 '구조'한 시각은 9시 35분. 그때부터 세월호는 '선장 없는 배'였습니다. 이 상황에서 배의 관리 책임은 해경, 즉 정부에 넘어간 거죠.

아이들은 10시 11분까지 배 안에서 동영상을 찍었습니다. 해경이 구조를 시작한 뒤부터 적어도 36분간, 배 안에 들어가 인명을 구조할 시간이 있었습니다. 그럼에도 배 안에 있던 사람을 단 한 명도 구조하지 못했습니다.

이 나라에 경찰과 군대, 민간의 인력과 자원을 총동원해서 대형 사고에 대처할 수 있는 능력을 가진 사람은 한 사람밖에 없습니다. 그가 무슨 일을 어떻게 해야 할지 몰랐으니, 각 기관들이 우왕좌왕하다가 300명 이상을 수장시킨 겁니다.

대통령과 정부는 아무 책임 없다고 강변하는 사람이 많습니다. 대통령 심기를 보호하겠다고 나서는 이런 사람들이 사실은 대통령을 망치는 주범입니다. 통증을 못 느끼는 환자는 자기 병을 모르고, 자기 잘못을 모르는 통치자는 나라에 재앙을 가져옵니다.

140자로 시대를 쓰다

잘못하는 자식 나무라기는커녕 두둔하는 젊은 부모들 보곤 "애를 저따위로 키우니 싸가지가 없지"라며 혀를 끌끌 차는 노인들이, 대통령 두둔하느라 인간성마저 팽개칩니다. 싸가지 없는 자식은 한 집안만 망치지만, 제 잘못 모르는 대통령은 5천만 국민을 괴롭힙니다.

20140506

동정의 방향

1911년 엄귀비가 죽자 일본에 있던 친아들 영친왕이 장례를 치르려 귀국했습니다. 서울의 아낙네들이 경성역에 몰려 가 "아이고, 우리 전하 불쌍해서 어떡해"라며 울부짖었습니다. 하지만 정작 영친왕은 눈물 한 방울 흘리지 않았답니다.

아낙네들은 "전주 이씨는 본래 눈물이 없다"는 말까지 지어내 냉정한 영친왕을 두둔했습니다. 그런데 그들 중에는 거리에서 구걸하다 매 맞고 초죽음되어 돌아온 자기 자식 보고는 "저 원수 같은 놈, 나가 뒈져라"고 하는 사람도 많았습니다.

진짜 불쌍한 자기 자식이나 이웃집 아이들은 '원수'라 부르면서, 별로 불쌍할 것 없는 왕의 자식을 위해선 눈물 흘리는 이런 정서가 전형적인 노예근성입니다. 왕조 시대의 노예는 제 자식만 노예로 만들었지만, 민주국가의 노예는 남까지 노예로 만듭니다.

구조 의무를 사실상 방기한 정부 때문에 끔찍한 공포와 고통 속에서 죽어간 아이들더러는 '팔자소관'이라 하면서, 대통령더러는 '불쌍하다'는 인간 많습니다. 정말 불쌍한 건 죽은 아이들이죠. 차라리 대통령 욕먹는 걸 '팔자소관'

140자로 시대를 쓰다

이라 하세요들.

동정심은 자기보다 불행한 사람에게 보내는 마음입니다.
감당하기 어려운 참변을 겪은 희생자 유족들더러는
'너무한다'고 하면서, 불쌍할 것 하나 없는 사람더러 '불쌍하다'고 하면,
그 동점심의 대가는 조롱뿐입니다.

20140506

도덕성과 능력

통치자의 가계를 신성시하고 세습 권력을 옹호하며 언론 통제와 여론 조작을 지지하는 자들, 국민의 생명과 안위는 우습게 알면서 '최고 존엄'을 옹위하고 우상화하는 데에만 결사적인 자들, 이런 자들이 대한민국을 북한처럼 만들려는 종북 세력입니다.

세월호에서 승객의 탈출을 돕다 숨진 박지영 양의 어머니는 "더 어려운 실종자 가족을 도우라"며 성금을 양보했는데, 12·12 군사반란범들은 "군인연금을 달라"며 소송을 냈습니다. 대한민국은, 이미 뒤집혔습니다.

먼저 탈출해 돈 말리던 선장과 "군인연금 달라"며 소송 낸 반란범들은 똑같은 자들입니다. 지금 대한민국을 지배하는 건 저런 자들의 '도덕률'입니다. '도덕성보다 능력'이라고요? 박지영 양의 어머니가 선장이었다면 승객들 모두 무사했을 겁니다. 도덕성이 능력입니다.

배에서 아르바이트하다 죽은 딸과 그 엄마는 '천사'의 마음을 가졌는데, 장차관 지낸 자들은 '악마'의 마음을 가진 나라. 이런 나라에선 "출세하라"는 말이 '저주'가 돼야 마땅합니다.

추모집회 현장에 나타나 큰 소리로 "대통령이 잘못한 게 뭐냐?"고 묻는 노인이 많답니다. 국회는 마땅히 우리 전래의 경로사상에 입각해서 이분들의 '순수한 의문'을 풀어드려야 할 겁니다. 특검과 청문회로.

20140507

자식 잃은 부모를
뜻하는 말은 없다

"전 국민적 추모 분위기 속에 공무원이 집회에 참석하는 것은 결코 용납할 수 없는 일."_경기도교육청 공문

공무원이 전 국민과 함께하는 건 용납할 수 없다는 뜻이네요. 국민이 국가이고 공무원이 정부입니다. 이 정부, 국가를 등지기로 작심했군요.

홀아비, 과부, 고아, 자식 없는 늙은이를 묶어 '환과고독鰥寡孤獨'이라 했습니다. 예나 지금이나 '어린 자식 잃은 어버이'를 따로 부르는 이름은 없습니다. 하지만 그런 부모 마음보다 더 지극한 어버이 마음은 없을 겁니다. 그들의 마음, 잊지 말아야겠습니다.

1980년, 언론은 광주에서 폭도들이 난동을 부린다고 허위 보도했고, 광주 MBC가 불탔습니다.

2014년, 언론은 정부가 구조를 잘한다고 허위 보도했고, KBS 간부가 뺨을 맞았습니다.

지금은 계엄하도 아닙니다. 지금의 언론인들이 과거 광주의 언론인들보다 더 나쁩니다.

20140508

140자로 시대를 쓰다

백성의 목소리

"서울로 돌아오는 길가에 백성들이 보이지 않기에 연유를 알아보니 흉년이라 굶주린 백성들이 임금의 가마를 막고 하소연할까봐 나오지 못하게 한 것이라 한다. 수령이란 자가 감히 임금과 백성 사이를 갈라놓으려 했으니 용서할 수 없다."_세종

정부의 잘못을 은폐하려 현장의 목소리를 왜곡하는 언론은 대통령의 눈도 속이게 마련입니다. 이런 언론이 대통령과 국민 사이를 갈라놓고 결국은 대통령과 국민 모두를 불행하게 만듭니다. 이런 언론, 용서하지 않아야 나라가 삽니다.

동서고금을 막론하고, 상전의 심기를 보호하려 민심을 왜곡해 전달하는 건 간신들의 기본 속성입니다. 현명한 상전은 그들이 자기를 망친다는 걸 알고, 멍청한 상전은 그들이 충신이라 믿습니다.

20140508

등신의 시대

"노무현 전 대통령, NLL 포기라는 말씀 안 했다."_새누리당 윤상현
사기꾼이 자수한 뒤에도 자기가 속지 않았다고 믿는 자들이 있기는 합니다. 아직도 "노무현이 NLL 팔아넘겼다"고 악을 쓰는 자들. 그들을 일러 '등신'이라 합니다.

사기꾼과 등신들이 득세하는 시대가
'부끄러운 시대'이고 '역사의 암흑기'입니다.
이런 시대에 함께 산다는 것만으로도,
후손들에게 부끄럽고 미안한 일입니다.

20140508

140자로 시대를 쓰다

악인열전

문득 '한국 악인열전'을 쓰면 어떨까 하는 생각이 들었는데 곧 접었습니다. 역사상 악인들의 공통점은 몇 가지밖에 없더군요. 첫째, 권력 앞에 비굴하다. 둘째, 약자에 가혹하다. 셋째, 욕심이 너무 많다.

이완용이 죽었을 때, 〈동아일보〉는 "살아서 누린 것이 얼마나 대단했는지 이제부터 겪을 일이 진실로 기막히지 아니하랴"라 썼습니다. 세월호 참사 희생자와 함께 기억해야 할 더러운 이름들, 그들이 죽은 뒤에도 잊지 말아야 역사가 귀감龜鑑이 될 수 있습니다.

20140508

민살문화

유가족들에게 '정신적 테러'를 가해놓고 자기 회사 간부들의 '정신적 충격'을 말하는 KBS, '도덕적 파탄' 때문에 아이들을 죽여놓고 유가족들의 '도덕적 해이'를 말하는 정부. 참 '인간적'입니다. 어떤 짐승도 이러진 못합니다.

"사회불안이나 분열을 야기하는 일들은 국민경제에 전혀 도움 안 돼."
_오늘 아침, 박 대통령
국민 대다수가 유족들의 아픔에 공감하고 그들을 응원하는 이때, 유족들을 모욕하고 길거리에 나앉게 하는 행위야말로 사회불안과 분열을 야기하는 짓 아닐까요?

어떤 분 말씀대로 대통령이 직접 나와 유가족 끌어안고 "미안하다, 정말 미안하다"라며 우는 시늉이라도 했다면, 사람들의 마음을 달랠 수 있었을 겁니다. 그런데 이 와중에 '국민경제'라니…… 참 일관적이네요. 사람 목숨보다 돈이 우선.

자칭 '민생정부'가 사람 죽게 방치해놓고 국민경제 타령이나 합니다. 이런 건 '민생정부'가 아니라 '민살정부'죠. 이런 정부를 만든 건 '민생' 하면 돈만 떠올리는 천박한 '민살문화'입니다. 돈이 사람 위로 올라가면, 사람을 눌러 죽입니다.

"유가족 중에 친노종북 세력이 있다"고 주장하는 인간들이 다 있네요. 지극
함이 순수함입니다. 자식 잃은 부모의 지극한 슬픔보다 순수한 마음이 또
어디 있을까요? 유가족이 불순한 게 아니라 그들을 불순하게 보는 자들이
불순한 겁니다.

희생자 어머니 한 분이 자살을 기도했군요. 빨리 회복하길 빕니다. 이런 분
들에게 시체팔이니 선동꾼이니 친노종북이니 했던 자들, 절대로 잊지 말고,
절대로 용서하지 맙시다. 모든 용서가 다 '선'은 아닙니다.

지금 국민들에게 대통령 편에 설지 유가족 편에 설지 선택하라고 요구하는
자들이 있습니다. 이 어리석은 자들은 자기들이 대통령을 유가족 반대편에
세워 악마로 분장시키고 있다는 사실조차 모릅니다.

20140509

추모의 연한

1972년 뮌헨 올림픽 때 이스라엘 선수 11명이 팔레스타인 무장 세력에게 피살당했습니다. 그로부터 4년이나 지난 1976년 몬트리올 올림픽 개막식 때, 이스라엘 선수들은 그때 일을 잊지 말라며 검은 리본을 달고 입장했습니다.

자칭 보수 언론들이 유족과 슬픔을 나누려는 사람들을 '외부 세력'으로 지목하며 유족들을 '고립'시키려 합니다. 월드컵이 시작되면 아예 참사에 대한 기억을 지우려 들겠죠. 이번 월드컵 때만이라도 '붉은 악마' 대신 '검은 악마'가 되면 어떨까요.

20140510

인간성 버리기

실종자 가족들은 차가운 체육관 바닥에 있는데 정부 관리들과 함께 호텔급 국립국악원 숙소에 묵은 방송사 기자들, 이렇게 살다 보면 누구라도 통곡하는 유족들을 보고 '짐승처럼 울부짖는다'고 생각하게 마련입니다.

이 땅에 언론사라는 게 생긴 뒤로 악을 미워하고 약자를 돕는 게 '기자 정신'이라고들 해왔습니다. 하지만 요즘 상당수 기자들의 정신은 그렇지 않은 듯합니다. 특권과 특혜를 즐기다 보면, 저도 모르게 '인간성'을 버리는 거죠.

청와대 출입기자단이 "라면에 계란을 넣어 먹은 것도 아니고……"라는 대변인 발언을 보도했다는 이유로 〈한겨레〉, 〈경향신문〉, 〈한국일보〉, 〈오마이뉴스〉에 '출입 정지' 중징계를 내렸네요. 저 사람들, 계란 넣은 라면이라도 받아먹은 걸까요?

청와대 대변인께 묻습니다. "어머니의 마음으로 국민을 챙기겠다"고 하셨던 그분은 '순수 유가족'인가요, 아니면 저 필요할 때만 어머니 행세하는 '불순 유가족'인가요?

20140510

인간과 악마

세월호 참사는 현재 한국의 핵심 문제를 드러냈습니다. 그건 이념이나 정치 성향의 문제가 아닙니다. 인간으로 남을 것인가, 인간이기를 포기할 것인가를 선택하는 문제입니다.

"자식 잃어서 모두 미쳤나요ㅎㅎ" 따위 글로 유가족을 모욕하는 자들이 전하는 메시지는 하나로 수렴되는 듯합니다. "대통령에 충성하려면 인간이길 포기해야 한다."

세월호가 청해진해운 선박이 아니었다면, 지금쯤 유병언도 "국민이 미개"하다거나 "유가족들이 생떼 쓴다"고 말하고 돌아다녔을 거라는 데에 '자신 있게' 500원 겁니다. 저런 생각은 사람보다 돈과 권력을 앞세우는 자들의 공통점입니다.

'인간 생명에 대한 예의를 모르는 짐승 같은 것'이 대통령이 보낸 조화 치웠다고 유족들에게 "대통령에 대한 예의를 모르는 짐승 같은 것들"이라고 욕하는 세상. 이런 세상이 정상일까요?

20140510

세계 유일

해경이 잘했으면 승객들을 다 살릴 수 있었을지는 알 수 없습니다. 하지만 한 가지는 확실합니다. **침몰하기까지 30분 이상의 시간이 있었음에도 배 안으로 들어간 정부 구조대원이 단 한 명도 없었다는 것.** 이것만으로도 세계 재난 역사에 기록될 만합니다.

20140512

인간의
퇴화

"대통령을 욕하는 것은 민주 사회에서 주권을 가진 시민의 당연한 권리입니다."
_노무현

10년도 안 지났는데, 지금은 '주권을 가진 시민'이 '예의를 모르는 짐승' 취급 받습니다. 민주주의가 퇴보하면, 사람도 짐승으로 퇴화합니다.

희생자의 고통과 유족들의 슬픔에는 전혀 공감하지 못하면서 오직 '대통령만 바라보는' 인간들이 이 사회 상층부를 장악한 지 오래입니다. "대통령을 지킵시다"라 외치면 출세하고, "유족들을 지킵시다"라 외치면 죄인 취급 받는 사회에선, 대통령만 안전합니다.

선박직 선원 중 단 한 명이라도 "선장님 이러면 안 됩니다"라고 말하는 사람이 있었다면, 선장이 이토록 끔찍한 죄를 짓진 않았을 겁니다. 선박직 선원들이 선장만 바라봤기에 참사가 벌어진 거죠. 대한민국호 선장이 이 교훈을 묵살하는 한, 답이 없습니다.

지금 유가족을 비난하는 자들은 쌍용차 해고자들에게도, 밀양 할머니들에게도 비슷한 비난을 퍼부었습니다. 우리 사회에서 이 '잔인한 자들'의 그림자를 걷어내지 못하면, 누구도 사람답게 살 수 없을 겁니다.

20140512

140자로 시대를 쓰다

악귀

무능한 정부를 비판하면 '정치적 행동'이라고 비난합니다. 아닙니다. 무능한 정부 아래서 입 다물고 가만히 있는 것이야말로 가장 나쁜 '정치적 행동'입니다.

유족들을 짐승, 깡패라 부른 짐승 같은 자들에 이어 자식 잃은 부모들더러 자결하라는 악귀까지 나왔습니다. 우리, 좋은 사람은 못 되더라도 악귀는 되지 맙시다. 별로 어렵지 않습니다. 저 악귀들의 패거리에 끼지만 않아도, 최소한의 인간다움은 지킬 수 있을 겁니다.

"딸은 천국에 가, 엄마가 지옥 갈게." 이러는 엄마들에게 "대통령에게 패악질 떠는 유족들은 자결하라"고 한 자를 '악귀'라 부른 것이 지나쳤나, 몇 번이고 자문해봤습니다. 그런데 아무리 생각해도 저런 자들을 인간 축에 끼워줘선 안 될 것 같습니다.

인두겁을 쓴 악귀들을 인간으로 인정해주면, '인간성'의 평균이 심각하게 저하됩니다. 저런 것들이 '악귀'라는 사실을 분명히 인식하고 인간의 세계 밖으로 쫓아내야, 인간성의 최소 수준이라도 지킬 수 있을 겁니다.

20140513

평범한 탐욕

"배에 올라 사람을 구하라"는 지시에 따르지 않았다는 해경 구조대원들에게 비난이 빗발치네요. '사회적 재난'을 당한 이들을 구조하러 달려가면 '선동 꾼'이라 욕하는 사회에서 그들만 죄인일까요? 이런 잔인하고 비루한 사회를 만든 우리 모두가 죄인입니다.

정몽준 지지율이 높으면 롯데관광개발 주식을 사고, 지지율이 떨어지면 팔고…… 이런 행위를 반복하다 보면, 정신이 돈에 얽매입니다. 우리 모두의 죄라 한 건, 모두가 조금씩은 유병언을 닮았기 때문입니다.

"이웃의 고통을 느끼기는커녕 즐기는 사이코패스가 나라의 주인 행세를 하게 되는 걸 지켜봐야 했다."_〈한겨레〉 곽병찬 대기자
이렇게 된 건, 대다수 사람들이 고통을 겪는 이웃보다 '주가지수'나 '뉴타운'에 훨씬 더 많은 관심을 기울인 때문이겠죠.

남을 괴롭히고 아프게 해야 채울 수 있는 욕망이라면, 아무리 작아도 탐욕입니다. '부패'와 '잔인'은 탐욕의 단짝입니다. 세월호 참사를 계기로 명확히 드러난 우리 사회의 부패와 잔인함은, '평범하고 작은 탐욕들'의 소산입니다.

"외적인 성장 뒤에 감춰져 있던 물질주의와 편의주의, 이로 인한 비정상적인 제도와 관행, 문화가 국가 공동체를 유지하는 기초와 신뢰를 위협하고 있다."
_박 대통령

정확한 지적이십니다. 이제 주변에서 물질주의자들을 내치세요.

20140514

잊지 않겠습니다.

서울시가 '세월호 희생자 분향소 기록화 사업'을 추진한답니다.
"잊지 않겠습니다"라는 약속, 말만으로는 못 지킵니다.
기록해둬야 지킬 수 있습니다.
서울시와는 별도로,
시민들도 각자 기록화 사업을 했으면 합니다.

20140514

인정머리 없는 상전

스승의 날인데, 교육부가 청와대 게시판에 글 올린 교사들 징계를 검토한답니다. 명목은 공무원 집단행동 금지 규정 위반. 세월호 침몰 직후 SNS 여론을 조작하기 위해 댓글알바 노릇한 공무원들의 '집단행동'은 왜 그냥 두고 보는 겁니까?

옛사람들이 가장 무서워한 인간은 '인정머리 없는 상전'이었습니다. 인정머리가 없으면 잔인하고 흉악해집니다. 그런 것들은 생판 모르는 남이라도 무서운데, 상전이야 오죽했겠습니까? '인정머리 없는 상전'을 요즘 말로 바꾸면 '공감 능력 없는 지도자'입니다.

"제삿밥도 못 얻어먹을 송장 찾아서 뭐하려고 그러는지 몰라. 잠수부들만 고생이잖아." 70 넘은 노인이지만, 욕해주고 싶은 걸 억지로 참았습니다. 착각해선 안 됩니다. **지금 우리 사회에 가장 필요한 건, 무슨 이념 무장이 아니라 인간성 회복입니다.**

교주를 위해 순교도 불사하겠다는 구원파 신도들 보고 '희한한 것들'이라 흉보는 사람 많은데, 절대로 희한하지 않습니다. 자기 교주를 위해 짐승 노릇도 마다않는 유사 종교 신도들, 널리고 널렸습니다.

20140515

역지사지

해군 참모총장이 최첨단 구조함인 통영함을 보내라고 지시했는데, 부하들이 "성능이 미흡하다"며 안 보냈답니다. 이 인간들, 16세기에 살았다면 거북선도 불량으로 만들었을 게 분명합니다.

이순신 장군, "왜적이 쳐들어오니 거북선을 띄워라."
부하, "이제야 드리는 말씀이지만, 사실은 거북선 성능이 미흡해서 띄울 수 없습니다."
조선시대였으면 이런 부하는 '부대시참'(시간 끌지 않고 즉각 참수) 감입니다.

"그날도 제시간에 출근하여 국기게양대 앞에 섰다. 조선인 동료들이 알아들을 수 없는 노래를 부르는 가운데 처음 보는 깃발이 올라갔다. 그때 비로소 나는 조선인들의 속마음을 어느 정도 이해할 수 있었다."
_한 일본인이 회고한 1945년 8월 16일

일제강점기 일본인들은 총독부가 '잘하고 있다'고 믿었습니다. 조선에 문제가 있는 건 총독이 잘못해서가 아니라 조선인들이 미개하기 때문이라고 주장했죠. 그들은 자기들이 조선인을 미개하고 비굴하게 만들었단 사실은 생각조차 못했습니다.

140자로 시대를 쓰다

미개한 조선인들이 일본 덕분에 근대화했다고 주장하는 뉴라이트는 세월호 참사에 대해서도 "대통령은 잘했는데, 미개한 국민들이 문제"라고들 합니다. 늘 권력 편에 서 있으면, 공감 능력 없는 사이코패스나 세상 물정 모르는 바보가 되기 마련입니다.

'역지사지'를 할 줄 알아야 측은지심이나 사양지심 같은 인간의 기본을 갖출 수 있습니다. 그걸 못하면 평소 1인 시위를 조롱하다 자기 문제가 생기니 시청 앞 광장에 드러누운 어떤 목사처럼 세상 사람들의 조롱거리가 됩니다. 짐승을 인간으로 바꿔주는 첫걸음이, 역지사지를 가르치는 겁니다.

20140517

정신적 통일

5·18 기념식엔 이미 사표 낸 총리를 대신 보내고 UAE 원전 설치식엔 직접 가시고…… 정신적 가치는 우습게 여기고 돈만 바라는 '천박한 물질주의'를 몸소 실천하시는군요.

"박 대통령, 뜬눈으로 밤새워"
_세월호 침몰 직후 한국 언론
"원수님께서는 너무 가슴이 아파 밤을 지새우셨다"
_평양 아파트 붕괴 직후 북한 언론
조선시대의 정신으로 통일.

20140518

뇌와
팔다리

"고심 끝에 해경 해체하기로 결론." _박 대통령

아직 진상 조사 시작도 안 했는데 '고심 끝'이라뇨. 아무리 빨리 끝내고 싶어도 그렇지, 지금은 '끝'이라는 말을 쓸 때가 아닙니다.

"대통령의 책임이 아니라 밑에 맡겨놓은 팔다리가 문제다."
_부산의 50대 남성

극히 초보적인 상식조차 없으니, 팔다리를 잘라내거나 위치를 바꾸면 문제가 해결될 거라 보는 거죠. 나라를 괴물처럼 만드는 건 이런 사람들입니다.

뇌에 문제가 있어 팔다리를 잘못 움직이는 환자를 고친답시고
'고심 끝에' 팔다리를 잘라 다른 곳에 붙이기로 결정한 의사가 있다면
뭐라고들 할까요?

20140519

애주가와
애국자

이승만, 박정희를 숭배해야 '국가관'이 투철하다고 믿는 사람들, 집 안에 박정희 흉상 모시고 살던 유병언의 '국가관'은 어떤가요? 유병언 같은 '국가관'을 가진 자들이 주요 공직과 사회 지도층 자리를 차지해왔기에, 나라가 이렇게 된 겁니다.

애처가는 자기 부인을 사랑하는 사람이지만, 애주가는 술 먹는 걸 즐기는 사람입니다. 지금 한국의 자칭 '애국자' 중에는 애주가가 술을 대하듯 나라를 대하는 것들이 참 많습니다.

"국민이 국가다"라고 하면 "국가관이 의심스럽다"고 비난하면서 이승만, 박정희를 숭배해야 "국가관이 투철하다"고 주장하는 자들, 개인을 우상화하는 이들 무리야말로 민주공화국의 뿌리를 갉아먹는 해충입니다.

일제강점기 친일부역자들은 자기는 일본인 닮아 '문명인'이고 다른 조선인들은 '미개인'이라고 생각했습니다. 아직도 "한국놈들이 미개한 건 맞잖아"라고 떠벌리는 자들 많은데, 이들이 바로 친일부역자의 '정신적 직계 자손'입니다.

일제강점기 일본인들은 조선인을 세 등급으로 분류했습니다. 일왕에게 절대 충성하는 일등국민, 소극적으로 충성하는 이등국민, 충성하지 않는 비국민. 지금 국민의 국가관을 검증하여 등급을 나누자는 자들이야말로, 식민지 노예 의식에 찌든 역사의 좀벌레들입니다.

20140519

바보

"역시 박근혜야, 해경 한 방에 보내잖아." _어떤 이

이런 사람들이 많은 사회에선, 누구나 재판도 받지 않고 '한 방에 훅 가는'
수가 있습니다. 재판은커녕 수사도 하기 전에 형량부터 결정하는 사회.

일제하 조선 총독도 말로는 조선인을 아꼈습니다.
조선인을 미행하고 고문한 건 그의 수족인 경찰들이었죠.
정치의 본질은 경찰의 행태로 알 수 있습니다.
각하의 진심을 표현한 건 유족들을 미행한 경찰입니다.
눈물이 아니라.

한국의 삼대 바보.
"우리 애가 공부를 안 해서 그렇지 머리는 좋아."
"저 친구가 성질이 더러워서 그렇지 본바탕은 착해."
"대통령이 사람 보는 눈이 없어서 그렇지 정치는 잘해."

20140520

140자로 시대를 쓰다

존경과 동경

'돈에 대한 존경심'을 요구하는 자 중에, '인간에 대한 예의'를 갖춘 자는 없습니다.
야구방망이로 자기 회사 직원 두들겨 팼던 재벌 계열사 회장, 지갑으로 호텔 종업원 뺨을 때렸던 제과회사 사장…… 이들이 모두 '돈에 대한 존경심'을 요구했던 자들입니다.

지금 한국 사회의 큰 문제 중 하나는 많은 사람들이 '존경'과 '동경'을 혼동한다는 겁니다. '존경'은 우러름이고 '동경'은 부러움입니다. 로또 맞아 벼락부자 된 사람 부러워하는 거야 인지상정이지만, 그런 사람 우러러보면 인생 한심해집니다.

20140520

우매함

유병언 섬기면 구원받는 줄 아는 '구원파 신도' 비슷한 자들은 언제나 많았습니다. 부자 섬기면 저도 부자 되는 줄 아는 자들. **예나 지금이나 나쁜 정치를 떠받치는 건, '악'이 아니라 '우매함'입니다.**

"한국인의 교육 수준이 얼마나 높은데 구원파 같이 무식한 것들과 비교하냐"는 분들, 몇 해 전 검찰에 출두하는 자기 회사 사장 주위에 늘어서서 한목소리로 "사장님 힘내세요"를 외쳤던 기자들과 지금의 구원파 신도들 사이에 얼마나 큰 차이가 있을까요?

20140521

140자로 시대를 쓰다

가난한
주제에

"가난한 집 아이들이 수학여행을 경주 불국사로 가면 될 일이지, 왜 제주도로 배를 타고 가다 이런 사단이 빚어졌는지 모르겠다."_한기총 부회장
요약하면, "가난한 것들이 주제넘은 짓을 해서 죽었다"군요.

한국 기독교의 '타락'에 대한 비판은 어제 오늘의 일이 아니지만, "가난한 것들이 주제넘은 짓 하다 죽었다"는 취지의 말은 '타락한 목회자'의 말이 아니라 이미 '악마의 말'입니다. 지금의 한기총이 구원파보다 나은 점이 뭔가요?

저 사람 예수 시대에 살았다면 "가난한 목수 아들이 목수일이나 계속하면 될 일이지 왜 설교 나부랭이나 하다가 십자가에 못 박혔는지 모르겠다"고 했을 것 같네요.

가난한 이들을 능욕하고 권력자를 위해서만 눈물을 흘리라는 목사를 예수가 직접 보았다면, 주저 없이 "이 독사의 자식아"라고 욕했을 겁니다. '독사의 자식'을 의지해 천국 가겠다고요?

"국민이 미개하다." "반값 등록금은 대졸자에 대한 존경심을 훼손한다." "가난한 것들이 제주도는 왜?" 이런 말들은 하나의 명제에 기초합니다.

"가난한 것들은 미개하니 존중할 가치가 없다."
이게 지금 이 나라를 지배하는 '국정철학'입니다.

20140523

스스로
퇴화하는 동물

나이가 들면 저절로 지식과 경륜이 늘고 인격이 높아질 거라 생각하기 쉬운데 절대로 그렇지 않습니다. 공부하지 않으면 무식이 늘고, 절제하지 않으면 탐욕이 늘며, 성찰하지 않으면 **뻔뻔**함만 늡니다. 인간은, **스스로 퇴화할 수 있는 유일한 동물**입니다.

"나쁜 친구 사귀지 마라." 부모들이 자녀에게 흔히 하는 말이지만, 사실은 아이보다 어른이 더 문제입니다. 멀쩡하던 어른이 나쁜 친구 사귀어서 나쁜 물 들고, 마침내 남에게 나쁜 물 들이는 '나쁜 인간' 되는 사례, 아주 많습니다.

20140526

살인 기계

"해경 64척, 해군 9척, 유관 기관 9척, 관공선 2척, 민간 8척 등 경비정과 어선 90척이 동원돼 인명 수색과 구조 작업을 벌이고 있다. 공군 헬기 3대, 소방 3대, 해경 5대 등 11대의 헬기도 투입됐다."_연합뉴스. 4월 16일 17시

"해군 특수부대 요원 22명, 특전사 149명, 잠수가 가능한 해경 요원 11명도 수중 수색에 나섰다."_같은 기사
이 기사 쓴 기자는 누구의 지시를 받고 왜 이런 엉터리 기사를 썼을까요?

밤 11시 30분 해경의 브리핑을 받을 때까진 배 안에 수백 명이 있다는 사실을 몰랐다는 언딘.
전원 구조에서 총력 구조까지 새빨간 거짓말 기사를 유포한 언론.

현장을 외면하고 '갑'의 입만 쳐다보는 이런 문화가,
사회 전체를 '살인 기계'로 만듭니다.

20140527

참사의 해

경주 리조트 붕괴 이래 올해만 몇 번째 참사인지…… 2014년은 오랫동안 '참사의 해'로 기억될 듯합니다. 노무현 시절이었다면 "이게 다 노무현 탓이다"라고들 했겠죠. 왕조 시대였다면 이게 다 "간신이 왕의 이목을 가린 탓"이라고들 했을 거고요.

옛날에는 재난이 거듭되면 왕이 '감선령'을 내려 반찬 가짓수를 줄이고 궁중의 가무를 금지시키는 등 자숙하고 근신하는 모습을 보이는 한편, '대사령'을 내려 죄인들을 풀어줬습니다. 억울한 사람들의 한이 하늘에 닿아 재난이 생긴다고 믿었기 때문이죠.

재난이 거듭되면 민심이 흉흉해집니다. 이런 때는 '대통합'을 위해 권력자들이 근신하고 양보해야 한다는 건 옛사람들도 알았습니다. 진짜 "사회 분열을 획책하는 악의 무리"는, 진상 규명을 요구하는 사람들을 '악의 무리'라 부르는 바로 그자들입니다.

20140528

패륜의
애국

"홍어들이 고향 용궁으로 돌아가겠다는데 왜 막냐?"
"안산은 쓰레기 동네니 어차피 그 애들은 자라서 쓰레기 됐을 것."
이런 것들을 애국자라 불러주는 무리가 있습니다. 패륜아의 사랑을 받는 나라가 좋은 나라일 수는 없습니다.

"하나님이 꽃다운 아이들을 침몰시켜 대한민국에 기회를 주신 것."
_모 대형교회 목사
목사라는 사람이 대놓고 하나님을 살인마로 몰았군요. 이런 설교에 아멘을 외치는 신도들의 인성도 참 지독합니다.

죄지은 자들에게 면죄부를 주고
평범한 사람들에게 죄를 덮어씌우는 종교는,
겉으로 표방한 이름이 무엇이든,
'악마숭배교'입니다.

20140528

140자로 시대를 쓰다

선과
온순

'선함'과 '온순함'을 착각하기 쉬운데 둘은 전혀 다릅니다. '선'은 악에 맞서 싸우지만 '온순'은 악의 지시라도 순순히 따릅니다. 짐승 같은 자들이 희생자와 유족들을 계속 모욕하는 건, 그들 앞의 사람들이 착해서가 아니라 그저 온순하기 때문입니다.

일제가 식민지 교육에서 가장 중시한 덕목이 '온순 착실'이었습니다. "시키는 대로 순순히 따르고 맡은 일이나 착실히 하라"는 것이었죠. 이 식민지 노예 교육의 정신이 만든 평범한 인간상이, '선악을 따질 줄 모르고 침묵하는 다수'입니다.

악이 횡행하는 세상에서는 순하면서 착할 수 없습니다. 그런 세상에서는 거역하고 반항하는 게 착한 겁니다.

"'너희가 무슨 유가족이야! 다 돈 받고 하는 거지.' 지나가던 한 70대 노인이 유가족을 향해 소리 질렀다. 유가족은 익숙한 듯 아무 말 없이 계속 서명을 진행했다."_〈오마이뉴스〉
늙어도, 짐승이 되진 맙시다.

정부는 유가족들을 거리로 내몰고, 일부 정신 나간 노인들은 그런 유가족들을 또 괴롭히고…… '억울하게 자식 잃은 죄'의 대가가 너무 크네요. 이제 유가족들을 보호하는 일이야말로 모두의 책임입니다. 유가족들을 괴롭히는 행위, 묵과하지 말아야 할 겁니다.

20140529

종놈의 마음

군자와 소인배를 구별하기는 그리 어렵지 않습니다. 그가 어떤 경우에 우는지만 봐도 됩니다. 성인은 천하를 위해 눈물을 흘리고, 군자는 나라를 위해 눈물을 흘리며, 소인배는 저와 제 가족만을 위해 눈물을 흘립니다.

용산의 눈물, 강정의 눈물, 쌍용자동차의 눈물, 밀양의 눈물, 세월호의 눈물에는 코웃음 치다가, 박근혜, 정몽준, 고승덕의 눈물에 마음이 아프다는 사람들 꽤 많습니다. 세상이 어찌 되든 상전 심기만 헤아리는 그 마음이 바로 '종놈의 마음'입니다.

21세기이지만, 여태 종놈의 영혼에서 헤어나지 못한 사람 많습니다. 그런 사람일수록 상전을 위해 견마지로를 다합니다. 스스로 '시민'이라 생각하면서도 주권 행사를 포기하면, 자칫 그들에게 이끌려 종놈의 무리에 끼게 될 수도 있습니다.

20140530

개나 소

서울대 치대 교수가 "교통사고에 불과한 일을 가지고 서울대 교수가 성명서 내는 건 부끄러운 일, 개나 소나 내는 성명서 자제해달라"고 했군요. 이런 부류의 사람들이 세상의 아픔에 공감하지 못하는 건, 평범한 사람들을 '개나 소'로 보기 때문입니다.

희생자와 유가족의 아픔에 공감하는 사람들을 '개나 소'로 부르는 사람일수록, 대통령의 눈물에는 유독 깊이 공감합니다. 이런 사람들이 세상을 지배하고 있기에, 300명 넘는 '사람의 생명'이 개나 소의 목숨 취급을 받은 거겠죠.

대형차 뒷자리에 앉아 골프 치러 가면서, "세상 많이 좋아졌다. 개나 소나 다 차 끌고 나오니……"라며 짜증내는 사람 적지 않습니다. 부자만 사람이고 나머지는 '개나 소'라는 특권 의식이 지배하는 사회에선, 서민은 '개나 소'처럼 살 수밖에 없습니다.

자기를 '개나 소' 취급하는 자들을 '사회 지도층'이라며 존경하는 사람도 많습니다. 그렇기에 '사람의 세상'이 되지 못하고 '짐승의 세상'이 되는 거죠. 그런 자들에게 필요한 건 '존경'이 아니라 '징계'입니다. 그래야 그들도 인간

140자로 시대를 쓰다

됩니다.

"여당을 지지해야 나라가 안정된다"는 말, 참 많이들 하고 또 잘 먹힙니다. 하지만 대통령 지지도 70% 육박, 국회의석 절대다수가 여당인 '안정된 나라'에서 어떤 일이 일어났나요? 권력이 견제받지 않는 나라가 가장 '위험한 나라'입니다.

20140531

용한 의사

을사늑약 당시 '을사오적'은 일본이 제시한 조약문에 "한국 황실의 안녕과 존엄을 유지하기를 보증함"이라는 문구를 추가해놓고는 그게 자기들 공로라고 떠들었습니다. 그자들은 나라야 망하든 말든 '최고 존엄의 안녕과 존엄'만 지키면 된다고 믿었죠.

300명 넘는 생목숨을 수장시키는 참담한 나라를 만들어놓고도, "박근혜 대통령을 지키겠습니다"라는 현수막을 내거는 새누리당 후보들이 많습니다. 나라야 어찌 되든 '최고 존엄'만 지키면 된다는 저런 정신이 '을사오적'의 정신이었습니다.

많은 사람들이 제 몸에 병이 들면 여기저기 물어가며 '용한 의사'를 찾으려 애씁니다. 하지만 정치인은 '그놈이 그놈'이라느니, '이미지가 좋아서'라느니 하며 함부로 고르는 경우 많습니다. 이런 유권자가 많으면 나라에 중병이 들어도 고칠 수 없습니다.

"도덕성보다 능력이 우선"이라는 사람 많습니다. 하지만 도덕성이 부족한 사람들은 절대로 그 능력을 남을 위해 쓰지 않습니다. 부도덕한 사람의 능력은, 부도덕한 일을 저지르는 능력입니다.

20140601

140자로 시대를 쓰다

오냐오냐

"따끔하게 혼내가며 키운 애들이 효도하지, 오냐오냐 하며 키운 애들은 불효해."

노인들이 젊은 부모들에게 흔히 하는 충고입니다. 그리 잘 알면서, 정권을 비판하면 절대로 안 된답니다. 국민 돌보지 않는 정권을 만드는 것도, '오냐오냐'입니다.

20140602

추억과 미래

유치원 때 이승만 탄신 축하무대에서 "대통령 할아버지 만수무강하세요"라 노래 부르며 춤을 추었다는 사람을 만난 적 있습니다. 그는 이승만 대통령이 잘했다고는 생각지 않지만 누가 나쁘게 말하면 싫다고 했습니다. 어릴 적 추억이 손상되는 것 같다고.

인생의 활동적인 시간 대부분을 독재 체제에서 보낸 사람들에게 독재는 생활이자 문화였고, 이제는 추억입니다. 이 거대한 '집단적 추억'이 세상을 지배하게 되면, 추억은 다시 현실이 되고 미래가 됩니다.

자본주의 사회에서 "도와주세요"라는 팻말을 목에 걸고 서 있는 사람을 돕는 가장 확실한 방법은 '돈' 주는 겁니다. 그런 사람들에게 '표'를 주면, 고맙다는 말도 없이 돈까지 뺏어갑니다. 불쌍하면 차라리 돈을 주세요.

20140603

140자로 시대를 쓰다

평균과 평범

세월호 참사 이후 많은 사람들이 "바뀌어야 한다"고들 했지만, 그 대상을 정부와 정치권으로만 한정했던 건 아닌가 싶습니다. 국민 다수가 계속해서 생명보다 돈, 정의보다 이익, 양심보다 욕망을 앞세우는 한, 바뀌는 건 아무것도 없을 겁니다.

유병언이 한국 기업 오너 평균에 비해 특별히 나쁜 인간이었다고도, 해경이 한국 정부 기관 평균에 비해 특별히 나쁜 조직이었다고도 하기 어려울 겁니다. 세월호 참사는 현 단계 한국인의 '평균 수준'을 보여줬습니다. 그 수준을 높이는 게 이 시대의 과제입니다.

"나라 빚을 더 지더라도 개발을 해서 집값 땅값은 올려야 해"라는 '평범한 사람' 많습니다. 하지만 이런 마음은 이익은 혼자 챙기고 빚은 이웃과 나눠 갚겠다는 '도둑놈 심보'입니다. 도둑놈 심보가 '평범'인 집단의 대표를 도둑놈이 맡는 건 당연합니다.

"아이들이 다 구명조끼를 입었다는데 그렇게 구하기 힘듭니까?" 대통령으로 하여금 이런 질문을 하게 만든 건, 그에게 충성하는 언론들이었습니다. 권력자 스스로 바보가 되는 가장 좋은 방법은, 자신에 대한 비판을 봉쇄하는 겁니다.

20140605

주권

군주주권 시대에는 왕의 자질과 성품에 따라 성군과 폭군이 나뉘었습니다. 국민주권 시대에는 국민이 왕입니다. 국민의 평균 수준이 세종과 같으면 세종 시대에 사는 거고, 연산군과 같으면 연산군 시대에 사는 겁니다.

경기도 아이들이 정말 억울하게 떼죽음을 당했는데도, "여기는 경기도가 아니라"며 남 일 대하듯 한 사람이 여전히 차기 유력 대권 주자로 거론됩니다. 옛날 임금이었다면 이런 신하 용서했을까요?

선거운동 때는 얼굴 한 번 안 보이다가 남편이 당선된 뒤 진도에 갈 때 직접 만든 레몬청을 들고 함께 간 박원순 시장 부인. "부인은 뭐하십니까?"라는 질문은 선거 전에만 '착한 사람' 행세하다 선거 끝나면 종적을 감추는 사람들에게 할 말이죠.

20140607

거지 축제

조선시대 서울에서는 매년 거지 축제가 열렸습니다. 이날엔 장안의 유명한 기생과 악공들이 무료 봉사를 했죠. 평소 기죽어 살던 거지들이 이날 하루만은 기 좀 폈습니다. 어떤 사람에게든 기 펼 수 있는 기회를 주는 것, 이런 건 조상에게 배워야 합니다.

지금 세계에는 '노숙인 축제Homeless Festival'를 지역 명물로 발전시킨 도시들이 적지 않지만, 서울에서 이런 거 하자고 하면 더럽고 추하다며 난리칠 사람 많을 겁니다. 소수자에 대한 이해와 배려가 없는 사회는 모두에게 위험한 사회입니다.

강자와 다수자의 편에 서서 약자와 소수자를 짓밟으라고 가르치는 종교가 있다면, 이거야말로 옮으면 안 되는 무서운 질병입니다. 이 질병에 감염되면, 인간이 기본적으로 갖춰야 할 동정심과 배려심을 잃어버리고 적대감에만 휘둘리는 '광인'이 되기 쉽습니다.

20140608

기억하지 않는 죄

"세월호 얘기 좀 그만해라. 지겹다"는 사람이 늘고 있습니다. 남영호, 서해
훼리호, 세월호…… 대략 20년 주기로 비슷한 참사가 반복되는 건, '인간의 기억
력'을 부담스러워하는 이런 자들 때문입니다.

20140609

3장

시대의 언어가 시대의 정신

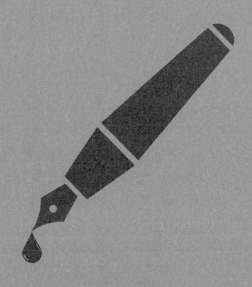

감금

검찰이 댓글 조작하던 국정원 여직원을 '감금'한 혐의로 야당 국회의원 네 명을 약식 기소했군요. 앞으로 음주운전 단속 경찰 만나면 차문 걸어 잠그고 버티다 '감금'당했다고 고발하면 되겠네요. "경찰이 무서워서 못 나왔어요."

회사 가기 싫을 때는 집 앞에 아무나 세워놓고 사진 한 장 찍어두면 되겠군요. "집 앞에 이상한 사람이 서 있어서 무서워서 못 나왔어요. 하루 종일 문 걸어 잠그고 감금당한 채 있었어요." 국정원과 검찰이 추천하는 결근 방법.

20140609

140자로 시대를 쓰다

관리인

대통령이 국가를 개조하겠다고 말하는 건,
건물 관리인이 건물주 허락도 없이 상가 건물을
교회나 공장으로 개조하겠다고 말하는 것과 똑같습니다.
제정신인 건물주라면 이렇게 말해야죠.
"관리인 맘대로 개조한다고? 이 건물이 네 거야?"

20140609

시대의 언어가
시대의 정신

남북정상회담 대화록 불법으로 빼내 대선에 이용했는데 '무혐의'.
'국가 개조'의 방향이 '법과 원칙이 바로 선 국가' 쪽은 아닌 게 분명하군요.
통치자를 위해서라면 법을 어겨도 봐주는 국가는 '미개한 전제 왕국'입니다.

노무현 정권 때는 국가대표 축구팀이 져도 "이게 다 노무현 탓이다."
지금은 정부 잘못으로 수백 명이 죽어도 "이게 왜 박근혜 탓이냐?"

노무현 때는 "대통령이 모자라서 나라가 이 꼴이다. 대통령 탄핵해야 한다."
지금은 "국민이 미개해서 나라가 이 꼴이다. 국가를 개조해야 한다."

"현 정부의 편향된 이념과 코드만 찾는 편중 인사, 편 가르기 정치가 사회의 반목과 갈등을 유발시키고 있다." _2003년 한나라당
남이 하면 코드 인사, 자기가 하면 개혁 인사. 남이 하면 국민 분열, 자기가 하면 국민 통합.

"내가 하면 로맨스, 남이 하면 불륜"은 본래 양아치 제비족에게 하던 '욕'이었습니다. 그런데 이렇게 사는 게 '정상'인 줄 아는 인간이 너무 많네요. 욕이 욕인 줄 모르고 사는 인생이 '욕된 인생'

이고, 그런 정부가 '욕된 정부'입니다.

"박근혜 대통령을 도와 성공한 나라 만들겠다." _윤창중
"박근혜 대통령과 함께 나라의 기본을 세우겠다." _문창극
국민을 돕겠다거나 국민과 함께하겠다는 사람은 눈에 띄지 않네요. 시대의
언어가 시대의 정신입니다. 지금은 분명 '왕조 시대'입니다.

20140610

강자의 관점

"대통령이 잘못한 게 뭐냐?"는 분들, 대통령이 유병언 빨리 잡으라고 한마디 하니까 육해공군 병력과 최첨단 장비까지 총동원되잖아요. 대통령이 잘못한 게 뭔지 이래도 모르겠나요?

유병언의 혐의는 배임, 횡령, 탈세와 '논란의 여지가 있는 과실치사'. 이 정도 죄질의 '용의자' 한 명을 잡기 위해 육해공군이 합동 입체 작전을 펼치는 건 세계 역사상 최초일 겁니다.

아무래도 '육해공군을 동원한 유병언 사냥 스펙터클'을 보여주면 사람들이 영화 한 편 보고 잊어버리듯 세월호 참사를 잊어버릴 거라 기대하는 누군가가 있나 봅니다. 하지만 아무리 현실을 영화처럼 꾸며도, 현실은 현실입니다.

"게으르고 자립심이 부족하고 남한테 신세지는 것이 우리 민족의 DNA."
_문창극
일제강점기 부일협력자들도 자기만 일본인 닮아 '문명한 조선인'이고 다른 동포들은 '미개한 조선놈'이라고 주장했습니다.

140자로 시대를 쓰다

성폭행은 야한 옷차림 탓,
가난은 자립심이 부족한 탓,
식민 지배는 우리 민족이 게으른 탓……
언제나 강자와 가해자의 관점으로만 세상을 보는 사람들은,
약자와 피해자를 돕기는커녕 '말살'하려 들게 마련입니다.

20140611

열등한 조선인?

1921년 경성의학전문학교 해부학 교수 구보 다케시는 수업 중 "조선인은 해부학적으로 열등하며 민족성이 저열하다"고 했다가 사과했습니다. 하지만 교회에서 같은 취지로 발언한 문창극 씨는 "사과는 무슨 사과"라며 일축했습니다. 대단합니다.

일제하 식민주의에 오염된 일본인 의학자들은 "조선인은 게으르고 의타적이며 인종적으로 열등하다"는 증거를 찾기 위해 무던히 노력했으나 결국 성공하지 못했습니다. 그들의 숙원을 문창극 씨가 이뤄줬군요. 역시 대단합니다.

"일본의 식민 지배는 대한민국을 부강하게 만들기 위한 하나님의 뜻."
_총리 후보 문창극
"세월호 침몰은 대한민국에 기회를 주기 위한 하나님의 뜻."_명성교회 김삼환
이들이 섬기는 하나님은 분명 살인마, 인종차별주의자, 군국주의자일 겁니다.

"말 몇 마디를 가지고 삶을 재단하고 생각을 규정하는 건 민주주의를 부정하는 것." _새누리당 윤상현 사무총장

140자로 시대를 쓰다

말 몇 마디를 가지고 징역 20년 구형에 정당 해산 심판 청구까지 해놓고선 무슨……

일본 〈산케이신문〉 인터넷판 톱기사.
<u>"일본의 식민 지배는 신의 뜻, 우리 민족은 게으른 자" 한국, 총리 후보 발언으로 큰 소란. 취임 불투명?</u>
이제 누가, 일본의 식민 지배를 비난할 수 있겠습니까?

1908년 미국인 스티븐슨은 "한국인은 독립할 자격이 없는 민족"이라고 했다가 장인환, 전명운 두 의사의 총에 맞아 죽었습니다. 같은 발언을 한 사람이 총리가 된다면, 두 의사는 지하에서 통곡할 겁니다. 총리 자격보다 국민 자격이 먼저입니다.

이제까지는 문창극 총리 내정자의 '개인 일탈' 발언이었다고 변명할 수 있지만, 총리 임명을 강행한다면 일제의 식민 지배와 침략을 미화하는 그의 역사 인식이 이 정부의 '공식적 역사 인식'이 됩니다. 이 문제는 대통령의 '권위'를 따질 사안이 아닙니다.

20140612

식민사관

"문창극은 드물게 괜찮은 한국인." _일본 극우 네티즌

"문창극은 건강한 역사관을 가진 분." _새누리당 하태경

100년 전에도 일본 침략자들은 이완용을 조선인 중에선 드물게 괜찮은 사람으로 평가했고, 조선인 중에도 이완용을 존경하는 자가 있었습니다.

일제강점기, 사람들은 공중변소를 '이박식당'이라고 불렀습니다. 나라를 일본에 팔아먹고도 그게 다 "조선인들이 못난 탓"이라고 주장했던 이완용, 박제순 전용 식당이란 의미였죠. 그들은 일왕에게 작위를 받은 '귀족'이었으나, 조선인이 볼 때는 '개'였습니다.

식민사관의 핵심 주장은 "미개하고 열등한 조선인은 문명적이고 우수한 일본인의 지배를 받으며 배워야 한다"입니다. 사람을 피부색이나 출신 지역, 빈부에 따라 차별하고 약자에 대한 강자의 폭력을 당연시하는 역사관은, 다 식민사관의 친척입니다.

강자는 약자에게 무슨 짓을 해도 된다는 생각, 피해자는 당할 만해서 당한 것이라는 생각이 식민사관의 뿌리입니다. 그런 생각을 떨치지 못하면, 정신적으로 식민지 노예가 되거나 잔인한 군국주의 살인마가 됩니다. 이 둘

140자로 시대를 쓰다

은 본래 하나입니다.

특정 지역 출신을 차별하고, 외국인 노동자를 혐오하며, 소수자를 멸시하고, 범죄 책임을 피해자에게 돌리는 자들. 이들이 난징대학살을 자행하고 조선인 여성들을 위안부로 잡아갔던 과거 일본군의 정신적 후예들입니다.

문창극 총리 임명 건은 이미 '외교 문제'가 됐습니다. "위안부 문제 사과받을 일 아니다"라는 발언만으로도, 그는 우리 외교에 심각한 부담을 주는 인물입니다. '국익'에 정면으로 배치되는 선택으로 뭘 얻으려는 건가요?

"일본은 위안부 문제에 대해 사과할 필요가 없다."
같은 말인데도 일본 총리가 하면 화형감, 한국인이 하면 총리감.
세상에 이런 정부, 이런 국민, 이런 국가 없습니다.
한국인이 게으른 게 아니라 한국의 자칭 '애국 보수'가 파렴치한 겁니다.

20140613

깨끗한 일본인?

"일본인 동네는 땅에 떨어진 밥알을 주워 먹어도 될 만큼 깨끗한데, 조선인 동네는 땅을 디딜 수 없을 정도로 더럽다." 일제하 한 잡지에 실린 내용입니다. 일본인이 깨끗하고 조선인이 더러워서 그런 게 아니라 일제 권력이 그렇게 만들었기 때문입니다.

일제 권력은 변소 치는 사람도 일본인 동네에 훨씬 많이 배치했고, 청소부도 일본인 동네에서만 돌아다녔으며, 청계천에서 퍼낸 더러운 흙도 조선인 동네 쪽에만 쌓았습니다. 그렇게 만들어낸 허상이 '일본인은 깨끗하고 조선인은 더럽다'였습니다.

공간을 조작해 민족 차별을 정당화하는 건 제국주의의 고전적 수법입니다. 문창극 씨 강연 동영상을 보니 "일본인이 많이 거주하던 부산 동래는 유독 깨끗했다"고 했던데, 일제강점기 일본인들도 양심이 있는 자라면 미안해서 차마 못했던 말입니다.

20140613

애국자?

"우리에게 정치가가 있나 기업가가 있나 과학자가 있나 교육자가 있나. 이대로 독립하면 야만 시대로 되돌아갈 뿐이니 일본에게 배워 실력을 기르자." _이광수 "일본놈들이 돌았냐? 너 같은 것들이 따라잡을 수 있도록 가르쳐줄 리가 없잖아." _신채호

이광수는 결국 '일본에게 배우는 것보다는 일본인이 되는 편이 빠르다'는 사실을 깨닫고 스스로 일본인이 됐습니다. 이광수를 '훌륭한 분'이라 칭송하던 자들도 함께…… 그때 친일파들의 뒤를 이으려는 사람들이 너무 많군요.

대한제국이 망하기 직전 일진회는 "일본과 합방하는 것만이 조선인을 구제할 길"이라며 '합방청원운동'을 벌였습니다. 물론 일진회원들이 다 그런 주장에 동조하지는 않았습니다. 대다수는 일본을 등에 업고 남의 재산을 빼앗는 데에만 바빴을 뿐입니다.

일진회원들은 이권을 챙기고 권세를 누리게만 해준다면, 자민족을 비하하건 자기 역사를 모욕하건 다 '애국자'요 '훌륭한 분'이라고 칭송했습니다. 그런 매국노 정신과 행태를, 해방된 나라에서 다시 보게 되리라고는 일진회원 자신들도 기대하지 못했을 겁니다.

20140613

식민지 백성

"한국사 교과서 저자, 한국사 학계, 학교 현장 교사와 교수, 국사편찬위원회가 심각한 좌편향을 보이고 있다." _김명수 교육부 장관 내정자

오른쪽 끝에 서 있는 사람 기준에선 다른 사람들은 다 왼쪽에 있는 법이에요. 그것도 모르나?

"친일파를 현재의 잣대로 평가하는 건 잘못." _문창극

맞는 말이죠. 과거에는 친일파를 처단하는 게 대의였어요. 문창극 씨와 똑같은 말을 했던 스티븐슨은 미국인이었음에도 한국인 '의사'들의 총에 맞아 죽었잖아요.

문창극 동영상을 다 보고도 "국가관, 역사관이 본받을 만하다"는 새누리당 의원들, 당신들에게 어울리는 자리는 윤치호가 앉았던 일본 제국의회 칙선 의원 자리입니다.

일본에서 "식민 지배는 신의 뜻"이 유행어가 됐답니다. 우리 국민 모두가 문창극 씨를 상대로 허위사실 적시에 의한 명예훼손죄를 물어 손해배상 소송이라도 해야 할 것 같습니다. 정말 참담하네요.

유병언 찾으려 '반상회'를 한다는군요.
반상회 하면 박정희 시대를 떠올리는 사람 많은데,
그거 일제 말인 1939년에 조선총독부가 식민지 주민을
감시 통제하기 위해 만든 겁니다.
일제의 통치는 끝났지만,
일제식 통치는 안 끝났어요.

20140614

벤치마킹

5·16 쿠데타가 일어난 뒤 신문에서 박정희 사진을 본 만주군관학교 출신 일본인들은 "저게 누군가? 다카키 마사오 군 아닌가?"라며 반색을 했답니다. 그들은 오랫동안 지지부진하던 한일회담이 일본에 유리하게 타결되리라 믿었습니다.

쿠데타 직후, 박정희 국가재건최고회의 의장은 일본을 방문해 만주군관학교 시절 교장이던 나구모 신이치로를 찾아 큰절을 올리고 "선생님의 지도와 추천 덕분에 여기까지 오게 됐습니다"라고 감사 인사를 했습니다.

박정희 대통령 취임식 특사로 한국에 오게 된 오노 반보쿠는 일본 공항에서 기자들에게 "박정희 대통령과는 피차에 부자지간이라 할 만큼 친한 사이다. 내 아들의 경사에 가는 것 같아 기쁘다"고 했습니다. 야당은 망언이라 했지만, 유야무야 넘어갔죠.

일제강점기에 일본인에게 교육받은 사람들에게 가장 감동적인 역사의 한 장면은 '메이지 유신'이었습니다. 박정희 역시 총독 정치에 익숙했고, '메이지 유신'을 흠모했습니다. 그래서 1972년 '10월 유신'을 감행했습니다.

140자로 시대를 쓰다

검열제도, 농촌진흥운동, 조선공업화, 황국신민의 서사 낭송, 동방요배, 애국 반상회, 보건체조…… 박정희는 총독 정치가 개발한 정책들을 두루 활용했고, 그것들은 해방 20~30년밖에 안 된 그 시절 사람들에게는 아주 익숙한 것이었습니다.

일제강점기에 매일같이 "조선인은 독립할 자격이 없다"는 말을 들어온 사람들은 "한국인은 민주주의를 할 자격이 없다"는 말도 당연한 것처럼 받아들였습니다. 유신 체제를 떠받친 건, 바로 "한국인은 (…) 자격이 없다"는 집단적 노예 의식이었습니다.

해방 후에 태어난 사람 중에 일제하 민족개량주의 친일파들과 똑같은 생각을 가진 사람이 많은 것도, 60~70년대 정치가 식민 통치와 매우 비슷했기 때문입니다. 70년대 정치를 찬양하는 사람들이 1940년대 친일파를 존경하는 건 일관성 있는 태도입니다.

20140614

역사적 채권과 채무

"안대희 같은 사람 총리 못하게 반대하니까 문창극 같은 친일파가 총리 되 잖아. 이게 다 사사건건 발목 잡는 야당 놈들 때문이야." 왕조 시대 노비도 이 정도로 무지몽매하지는 않았습니다.

젊은이들 주변에는 '가르치려 드는' 사람이 무척 많지만, 나이 든 사람 주변에는 그런 사람 거의 없습니다. 그래서 나이가 들수록 남의 말에 귀를 기울이고 스스로 배우려 노력해야 합니다. 그러 지 않으면, 현명했던 사람도 순식간에 무지렁이가 됩니다.

오늘자 〈산케이신문〉 인터넷판 톱기사.
"언론 자유 억압하는 한국의 민족지상주의…… 이를 계기로 한국에서 자기 들 민족성을 파헤치는 논의가 시작되었으면……"

문창극 씨 총리 지명 이전에는 우리가 일본인들더러 "반성할 줄 모르는 민 족"이라고 했는데, 문창극 씨 총리 지명 이후에는 일본인들이 우리더러 "제 주제를 모르는 민족"이라 하는군요.

대통령과 새누리당 덕분에 우리 국민은 해방 후 70년간 지켜왔던 일본에 대한 역사적 '채권자'의 지위에서 밀려나 역사적 '채무자'가 돼버렸습니다. 문창극 씨 총리 지명도 잘한 일이라는 사람들, 제 자식이 채권을 채무로 바꿔버리면 죽이겠다고 펄펄 뛰겠죠?

"위안부 발언으로 상처받은 분들께 진심으로 사과드린다."_문창극
2004년 서울대 모 교수가 위안부 피해자들을 모욕했다가 '사과'했습니다. 할머니들은 사과를 받아들이지 않았고, 이 사람도 자기 생각을 바꾸지 않았습니다. **진심 없는 사과는 사람을 바꾸지 못합니다.**

20140615

사람과
짐승

일제강점기 조선인 헌병 보조원이나 밀정들은 왜 그런 짓들을 했을까요? 단지 먹고살려고? 일제 권력의 개가 되어 동족을 물어뜯는 게 좋아서 한 겁니다. 권력 없는 '사람'이 되기보다는 권력이 기르는 '개'가 되려는 자들, 언제나 많습니다.

일본 총리들이 사과하면 진정성이 없다느니 행동으로 보여야 한다느니 하며 무시하던 자들이 문창극 씨더러는 그걸로 충분하답니다. 일본 총리가 언제 한국 총리 돼보겠다고 사과하던가요? 문창극 씨 사과가 충분하면, 일본 총리들은 사과 돌려받아야 할 겁니다.

20140616

위안부는
일본군의 동지?

"(위안부)는 한일 간의 화해를 위해 자신들의 행위가 매춘이며, 일본군의 동지였던 자신들의 모습을 인정함으로써 대중들에게 피해자로서의 이미지만 전달하는 것을 중단해야 한다." _박유하, 『제국의 위안부』 중

미성년자 성폭행범을 비호하기 위해 어린 피해자더러 "합의에 의한 성관계였음을 인정하라"고 윽박지르는 자가 있다면, 그를 뭐라 불러야 옳을까요? 지금 생존한 위안부 피해자들은 당시 10대의 어린 소녀들이었습니다. 일본군의 동지라고요?

20140616

현실 인식과
역사 인식

"위안부를 강제로 끌고 간 사례가 있었더라도 모집책이 한 일이지 일본 정부나 군부는 책임 없다."
"위안부를 학대한 건 업주들이지 일본군이 아니다."
"세월호 참사는 유병언과 선장 탓이지 정부는 책임 없다."
일관된 논리.

뉴라이트는 '군 위안소'를 설치하고 취업 사기, 강제 연행 등의 불법행위를 '고의로' 눈감아주거나 지원해준 일본군과 정부에는 책임을 묻지 않습니다. 정부가 '업주'의 편을 들어 돈 없고 백 없는 사람들을 괴롭히는 게 당연하다고 믿기 때문입니다.

현실 인식이 역사 인식입니다. 현실의 기득권을 지키려는 욕망이 과거의 기득권자들을 미화하게 만듭니다. 자기 기득권의 바탕이 더러울수록, 짐승 같은 행위까지 미화하게 됩니다. 어떤 사람이 반인륜적 행위를 미화하는 건, 그 자신이 '반인륜적'이기 때문입니다.

"유영철도 이해해줘야 한다. 따지고 보면 피해자들에게도 잘못이 있다." 이런 주장을 펴는 자가 '공감'하는 대상은 유영철입니다. 평소 살인마에 공감하는 자는 옆에 두면 위험합니다. 평소 '국가 범죄'에 공감하는 자도 가까이 두면 위험합니다.

90세 된 식민 지배의 피해자가 해방 70년이 지나 자국 정부를 향해 1인 시위를 해야 하는 나라. 지구상에 이보다 '비정상'인 나라가 또 있을까요?

20140617

불쌍한 사장

"장관 후보라는 사람들이 왜 하나같이 저 모양이냐? 박근혜가 불쌍하다"는 사람들 의외로 많더군요. 식당에서 돈 내고 맛없는 음식 먹으며 "사장과 주방장이 불쌍하다"고 하면, 미친놈 취급 받는 게 당연합니다.

20140618

140자로 시대를 쓰다

검증

차떼기 전과자에 표절 사범까지 줄줄이 인선한 걸 두고 청와대 비서실이 인사 검증에 '실패'했다고들 하는데, 리트머스 시험지나 겨우 판독하는 수준의 사람들에게 전문적인 검증 도구는 사치일 뿐입니다.

부도덕은 도덕성을 검증하지 못하고 무식은 지성을 검증하지 못합니다.
그래서 예로부터 무식하고 부도덕한 권력의 '인사 검증 기준'은
'아첨하는 능력' 하나밖에 없었습니다.

일제의 식민 지배를 미화하고 식민 지배의 피해자를 모욕하는 자들은 예전에도 있었습니다. 예전과 지금이 다른 점은, 그런 생각과 말을 하는 자들이 훨씬 더 당당하고 자신만만해졌다는 점입니다. 이게 지금 우리 사회가 가는 방향입니다.

20140619

노동자와
도둑

스승이 제자 논문을 표절한다는 게 말이 되냐는 사람이 있는데, 사제 관계라면 그렇죠. 하지만 '스승'에 따라서는 사제 관계를 갑을 관계로 만드는 경우가 많습니다. 교육자는 노동자가 아니라고 주장하는 '교육자' 중에, '도둑놈' 되는 건 주저하지 않는 사람 많습니다.

교육이 썩었다고 불평하면서도 전교조의 합법 노조 지위를 박탈하고 표절 교수를 교육부 장관에 지명한 건 잘한 일이라는 사람도 많습니다. 하지만 세상을 썩게 만드는 건, 노동자가 아니라 도둑놈입니다.

20140620

140자로 시대를 쓰다

외교적
고려

일본이 위안부 동원의 강제성을 인정한 1993년의 고노 담화가 '외교적 협의'의 산물이었다고 밝혔군요. 그들이 지금 고노 담화의 내용을 부정하려 드는 것도 '외교적 고려'의 산물이겠죠. "지금의 한국 정부라면 뭐라 해도 할 말이 없을 것이다"라는.

우리가 "외교적 결례"라 지적하면 일본은 "그건 한국이 먼저 한 일"이라 답할 것이고, 우리가 "사실을 왜곡하지 말라"고 하면 일본은 "그건 한국 총리 내정자가 한 말"이라고 응수할 겁니다. 해방 이후 지금껏 이토록 일본에 할 말 없게 된 정권은 없었습니다.

20140621

생활 속에
담기는 기억

트위터 타임라인이 월드컵과 아이돌 스타들의 열애설로 시끌벅적하네요. 세월호 희생자들을 벌써 잊었느냐고 질타하는 소리도 있지만, 그 아이들도 살아 있었다면 이 일들을 화젯거리 삼았겠죠. **다른 것들과 함께 생활 속에 담기는 기억이라야, 오래갑니다.**

20140621

과거의
적폐

어떤 대화.

"도덕성도 없고 자질도 부족한 자들을 단지 자기네 '구원파'라는 이유로 뽑아서 그 큰 배를 맡겼으니 사고가 안 나? 유병언은 잡아서 엄벌에 처해야 해."

"그런 게 유병언의 죄면, 박근혜랑 다른 게 뭔데?"

일단 구원받으면 무슨 짓을 해도 천국 간다고 믿는 구원파나, 아무리 부도덕해도 대통령이 일단 임명했으면 총리 장관 시켜야 한다는 친박파나……
과거의 적폐는, 과거대로 살려는 사람들의 의식 안에 있습니다.

20140621

억울

문창극 씨가 억울하답니다. 일제강점기 우리 조상들 대대수는 40년 가까이 억울하게 당하면서 억울하단 항변도 못했습니다. 그 엄청난 억울함을 '신의 뜻'이라 해놓고 자기는 억울하다고요?

문창극은 억울하니 청문회에서 소명할 기회를 줘야 한다는 사람들 많습니다. 하지만 그들은 용산, 강정, 밀양, 세월호 등에서 정말 억울한 일을 당한 사람들의 입은 틀어막았습니다.

"뉴라이트인 건 좋은데, 왜 저렇게 하나같이 부도덕하냐고."_어떤 이 군국주의 침략과 독재 정치를 미화하고 위안부 강제 동원까지 정당화하는 사람들이 도덕적인 줄 알았나 보죠?

20140622

병장 폐지

윤창중이 성추행하니 여성 인턴을 없애고, 대학생 OT에서 사고 나니 OT를 없애고, 수학여행 도중 사고 나니 수학여행을 없애고, 계곡에서 사고 나니 계곡을 없앴는데…… 군대에서 사고 났으니 어쩌죠? 병장을 없애나?

20140622

국가대표

홍명보 감독의 용병술과 박주영 선수의 플레이를 비난하는 소리가 높네요.
박근혜 감독의 용인술과 정홍원 선수의 플레이는 어떤가요?
한국의 진정한 국가대표는 축구팀이 아니라 대통령과 정부입니다.

70년대 한국 축구의 구호는 "체력의 열세를 정신력으로 극복하자"였습니다.
"국민 정신을 개조해서 선진국 되자"와 같은 맥락이었죠. 70년대식으로 정
치해야 나라가 발전한다는 사람들, 지금 이회택 감독 내세워 70년대식 축구
하면 본선 진출 가능할까요?

"세상에 완벽한 사람이 어디 있나. 국민 눈높이를 낮춰야지."
이 말을 정홍원 총리가 하면, "그래. 맞아."
홍명보 감독이 한다면, "저거 귀국시키지 마."

20140623

군대와 나라

임 병장과 희생당한 병사들이 문창극 총리 내정자나 정종섭 안행부 장관 내정자처럼 복무 중에 석박사 따게 해주는 군대에 있었다면, 이런 참극은 일어나지 않았을 겁니다. 대한민국 군대는 하나의 군대가 아닙니다. 군대가 이러면, 나라도 하나일 수 없습니다.

"북한놈들은 10년씩 군대 생활하는데 2년도 못 버텨서 사고를 치니…… 요즘 젊은 것들 정신 상태가 썩었어. 정신 무장 단단히 시켜야 해." 영감님, 정신 상태가 썩은 건 OECD 국가 젊은이들에게 '북한 주민의 정신'을 주입하려는 당신입니다.

20140623

신격화와
우상숭배

심심풀이 바둑 두다 한 수 무를 때도 사과하는 게 기본 매너인데…… 앞으로 바둑 두다 무를 때는 바둑돌이 '자진사퇴'했다고 우기면 되겠군요.

"저를 이 자리에 불러주신 분도 그분이시고, 저를 거두어드릴 수 있는 분도 그분이십니다."_문창극
이분에게 박근혜 대통령은 이미 '신'이군요. 남북한의 '지도층'은 이미 정신적 통일을 이룬 것 같네요. 신격화와 우상숭배 정신으로.

문창극 씨의 말은 '성경적 고백'이니 북한의 개인 숭배와 비교하지 말라는 사람이 있는데, 김일성도 본래 '모태신앙'이었어요. 북한 지배 집단은 '하나님 아버지'를 '어버이 수령님'으로 바꿨을 뿐이죠. 나라를 교회처럼 만들려 하니 북한 닮아갈 수밖에.

세습 교회 목사를 섬기는 대형 교회 신도들과, 3대 세습 권력을 추종하는 북한이라는 초대형 교회 신도들 사이에, '하나님 아버지'와 '어버이 수령님'의 차이 말고, 다른 근본적인 차이가 뭔가요? '지옥 불구덩이'나 '불바다'나.

이명박이 "단군 이래 우리 국격이 이렇게 높았던 적이 없었다"고 할 때 "맞

140자로 시대를 쓰다

는 말"이라던 사람들이, 박근혜가 "나라 꼴이 엉망이니 개조해야 한다"고 하면 또 "옳은 말"이랍니다. '개조'가 필요한 건, 바로 이런 사람들입니다.

20140624

덮어주기

"선장 구속했으면 됐지 진상을 밝힌다고 죽은 애들이 살아나기라도 하나? 불쌍한 사람만 더 만들 뿐이지." 근래 이런 말 하는 사람이 늘었습니다. 억울한 죽음을 외면하고 산 사람끼리 덮어주는 이런 문화가, 삶과 죽음 모두를 욕되게 만듭니다.

"문창극 낙마시켰으면 됐지 다른 장관 후보들까지 트집 잡을 거 있나?" 이런 말 하는 사람도 많습니다. 마트에서 사온 과일 상자에 썩은 과일이 수두룩해도 한 개만 바꿔주면 군말 않고 먹을 건가요?

새누리당 윤상현 씨가 "청문회를 이원화해서 도덕성 검증은 비공개로 하자"고 주장했군요. 뇌물, 아첨, 사기, 표절 같은 부도덕한 짓들은 모두 '무능력자'가 하는 겁니다. 부도덕은, 무능하면서 출세한 자의 강력한 무기입니다.

선거나 청문회 때마다 '도덕성보다 능력'이라는 말이 돌지만, 부도덕한 자들은 언제나 부도덕한 능력을 계발하고 능력이 생기면 부도덕한 쪽으로 씁니다. '도덕성 없는 능력'을 존중하는 사회에서 가장 윗자리는 '사기꾼'이 차지하기 마련입니다.

20140625

책임 면제

오늘자 〈조선일보〉가 1면 머리기사 제목을 "책임 안 지는 SNS에 휘둘리는 나라"로 뽑았군요. 제목만 보고 국정원 대선 개입과 '좌익 효수' 관련 기사인 줄 알았는데, 역시나…… 언제는 SNS 글 몇 개로 여론이 바뀌지 않는다더니.

"책임지고 물러나겠습니다."
"알았어. 다른 사람 찾아보지."
……
"찾아봤는데, 당신만 한 사람 없네. 책임지지 말고 그냥 계속 일해."
이런 회사, 망합니다.

"문창극은 좋은 사람인데 KBS의 악의적 편집 때문에 나쁜 사람이 돼버렸다."
이게 맞는 말이면, 본래 나쁜 인간인데 언론의 지나치게 호의적인 편집 때문에 '좋은 사람'으로 잘못 알려질 수도 있는 거죠.

"임 병장, 하루 12시간씩 게임."_군 관계자
그러니까, 임 병장에게 총과 수류탄을 지급하고, 사격술과 수류탄 투척법을

가르치고, 죽일 만큼 미운 동료들을 붙여준 게, 그 게임이란 말이죠? 군이
아니라?

세월호 참사는 유병언 탓, 잇단 총리 낙마는 SNS 탓, 군 총기 사고는 게임 탓.
이렇게 모든 일에 책임이 면제되는 대통령을 군이 사람으로 뽑을 필요 있나
요? 게임 캐릭터 중에서 하나 뽑으면 되지.

임 병장을 만든 게 전쟁 게임이라면, 게임 개발자들을 내란음모나 국가보안
법 위반으로 구속하든지, 게임중독자들을 군 면제시키든지, 게임으로 군 복
무를 대체하게 하든지……

20140626

양심 있는 지식

조선시대 벼슬아치들이 부패 무능했다 해도, 일단 사직 상소를 올린 뒤엔 왕이 말려도 뜻을 굽히지 않았습니다. 사직소를 내놓고도 왕이 그냥 있으라 한다고 덥석 눌러앉는 파렴치한 벼슬아치가 없었기 때문에, 조선왕조가 5백 년 넘게 유지됐던 겁니다.

"조선왕조는 부패하고 무능한 벼슬아치들 때문에 망했다"는 말에는, '백성은 책임이 없다'는 뜻도 있습니다. 그 시대 백성은 왕이 누구를 임명하든 따라야 했습니다. 하지만 지금은 백성이 주권자인 시대입니다.

무능하기에 부도덕하고, 부도덕하기에 부패하며, 부패하기에 파렴치해지는 겁니다. '부패했지만 유능한 사람'을 찾는 건, '썩었지만 맛있고 몸에 좋은 음식'을 찾는 것과 같습니다. 세상에 그런 건 없습니다.

정미홍 씨가 강연 중 "김구는 김일성에게 부역한 사람으로 김일성 만세를 외쳤다"고 했답니다. 정말 궁금한 건, 이 사람에게 이런 거짓 역사를 가르친 '간악'한 자들과, 이 사람에게 역사 강의를 들을 만큼 '무식'한 자들의 정체입니다.

'간악'은 '무식'의 뒷받침을 받아 세상을 지배합니다. 그래서 '간악'은 언제나 '무식'을 장려하고 확산시키려 애씁니다. 대다수 사람들이 배우고 싶어도 배울 수 없었던 옛날에는 '무식'이 '간악'의 희생물일 뿐이었으나, 지금은 동맹군이기도 합니다.

지식은 양심과 함께할 때만 '지혜'가 됩니다. 지식이 양심과 결별하면 '교활'이 되고, 교활이 권세를 얻으면 '간악'이 됩니다. '간악'의 동맹군이 되지 않는 데에 꼭 많은 지식이 필요한 건 아닙니다. '양심 있는 지식'을 알아볼 정도면 됩니다.

"현재의 인사 청문 제도를 방치하면 국가적 불행이 될 수 있다."
_새누리당 이완구
'현재의 인사 청문 제도'를 만든 게 바로 새누리당의 전신인 한나라당입니다. 그때는 국가가 불행해지길 바라서 그랬다는 뜻이겠군요.

20140627

관행과 전통

"애국적이면서 청렴한 사람이 그렇게 없나?"라는 사람이 더러 있던데, 부패는 주로 애국이라는 가면을 이용해 자기의 썩은 모습을 감춥니다.

"애국심은 불한당의 마지막 도피처다." _새뮤얼 존슨

남의 것을 수시로 슬쩍하는 사람보고 "손버릇이 원래 그러니 봐주자"고 하지는 않습니다. 손버릇 나쁜 사람은 버릇을 고쳐줘야 합니다. 개인의 버릇이 집단의 관행입니다. 나쁜 짓도 관행이라고 봐주면, 얼마 안 가 전통이나 제도가 돼버립니다.

20140629

기준과 질

4대강 사업 이후 영산강과 금강에 큰빗이끼벌레가 대량 출현했습니다. 이 벌레를 보고 징그럽다고들 하는데, 정말 징그러운 건 사욕을 채우려 강산을 망친 사람들의 심보와 그 짓을 칭찬한 자들의 어리석음입니다.

대통령이 인사 청문 제도를 '개선'하라고 주문했군요. 한나라당이 만들어 여태 써온 인사 청문 제도에 문제가 있는 게 아니라 대통령의 '수첩'에 문제가 있는 거겠죠.

대통령이 인사 청문 제도 개선을 요구하는 건, 위생 검사 도중 대장균 덩어리가 검출된 식당 주인이 "검사 기준이 너무 까다롭다"고 항변하는 격이죠. 이런 식당 문 닫게 만드는 게 '정상'일까요, 검사 기준을 바꾸는 게 정상일까요?

국민 눈높이가 높은 게 아니라 장관 내정자들 수준이 낮은 거고, 인사 검증 기준이 까다로워진 게 아니라 장관 내정자들의 질이 떨어진 거죠. 나라를 저질 국가로 만드는 가장 빠르고 확실한 방법은, 수준 낮은 사람들을 고위직에 앉히는 겁니다.

"유병언 검거 못해 국민 세금으로 보상하는 기막힌 일은 절대 묵과해선 안 될 것."_박 대통령

옳습니다. 이 원칙 그대로, 수자원공사의 4대강 공사 부채 8조 원도 국민 세금 축내는 기막힌 일 하지 말고, 수혜자들에게 받아 해결해야 할 겁니다.

20140630

변명

"시험문제가 쓸데없이 까다롭더라." "중요하지 않아서 공부 안 한 부분에서만 문제가 나왔더라." 이런 변명이나 늘어놓으며 공부하는 태도를 바꾸지 않는 아이에겐 헛된 기대를 품지 말아야 합니다. 대통령이라고 다르지 않습니다.

이명박 정권 때는 "4대강 사업은 잘하는 일"이라고 떠들다가 최근엔 "박근혜 지지율 회복하는 길은 이명박 구속밖에 없다"는 자들 많더군요. 이명박 구속보다 더 시급한 게, 이런 자들 정신을 구속하는 겁니다. 공범인 주제에 피해자 행세하는 자들.

아직도 열 명이나 가족 품으로 돌아오지 못했는데, 세월호 참사를 잊으라는 선동은 이미 시작됐습니다. 이 엄청난 참사도, 누구에게는 그저 '위기'일 뿐입니다.

20140701

임금 코스프레

조선 영조 이후 왕이 궐 밖에 행차할 때마다 장사꾼들의 고충을 들어주는 '공시인 순막'이 관행화합니다. 서울 시민의 반, 서민의 대다수가 장사꾼이던 시절이었기에, 왕이 그들의 고충을 직접 듣고 해결해주는 건 '위민정치'라 할 수 있었죠.

처음엔 장사꾼들이 솔직하게 고충을 토로했으나, 관리들이 미리 입단속을 하면서 '공시인 순막'은 의례적 행사로 변질됩니다. 왕이 "어려운 점이 무엇이냐?"고 물으면 "성군의 보살핌 덕에 모두 아무 걱정 없이 살고 있나이다"라 답하는 식이었죠.

일제강점기에 단절됐던 '공시인 순막'의 관행을 부활시킨 건 임금 코스프레를 즐겼던 이승만이었습니다. 전쟁 이후 사회 시스템이 엉망이라 대통령 한마디로 해결할 수 있는 일이 많았기 때문에, 장사꾼들에겐 이것도 나름 의미가 있었죠.

대통령이 서민층 지지율 올리고 싶으면 재래시장을 찾는 게 관행이 됐습니다. 지금은 조선시대도 이승만 시대도 아닙니다. 서민을 보살피는 임금 코스프레를 하려면, 쌍용차 해고자나 비정규직 노동자들을 만나 그들의 고충을 듣는 편이 나을 겁니다.

대통령이 재래시장에서 어묵이나 삼겹살 먹는 걸 보고 '성군의 보살핌'에 감격하는 조선시대 신민臣民 같은 무리가 있기는 합니다. 하지만 그런 자들을 보고 정치하면, 자기가 민주국가의 대통령이라는 사실을 잊고 임금인 줄 착각하기 쉽습니다.

대통령이 재래시장에서 어묵이나 삼겹살 먹는 게
'서민 코스프레'인 줄 아는 사람 많은데,
그거 사실 '임금 코스프레'예요.

20140702

연탄집게

"아버지한테 배워 정치 잘할 줄 알았더니, 아버지만 어림도 없어." _어떤 이

여보세요, 박정희처럼 못해서 그런 게 아니라 해서 그런 거예요. 도시가스 쓰는 집에 살면서 연탄집게 사다 놓고는 쓸모없다고 투덜거릴 바보 같으니라고.

20140702

상사의 본심

"유가족 여러분의 의견이 무엇보다 중요하다." _5월 16일 박근혜 대통령
"유가족이면 좀 가만히 있어라." _7월 2일 새누리당 조원진 의원
상사의 본심은, 언제나 그의 말이 아니라 그 부하의 행동으로 드러납니다.

20140702

권위주의

"VIP께 보여드려야 하니 빨리 영상 찍어 보내라."
"장관께서 가실 테니 임무 중지하고 대기하라."
이래서 "세월호에 고위층 자녀가 탔다면 이러지는 않았을 것"이라는 말이
돌았겠죠. 생명보다 의전을 중시하는 권위주의 문화가 학살을 방조한 셈입
니다.

남을 설득할 '지식'이 없고 남을 감복시킬 '인격'이 없는 자들이 남을 굴복시
키려 내세우는 게 나이와 지위입니다. '권위주의'는 본래 무식, 무능, 부도덕
과 한패입니다. '높은 분'의 권위를 앞세우는 정부도, 결코 유능하거나 도덕
적일 수 없습니다.

기관장이나 지자체장의 취임식만 봐도 그가 앞으로 어떻게 일할지 대충은
알 수 있습니다. 많은 돈 들여 지나치게 화려하고 거창한 취임식을 하는 자
들은, 대개 그 직책을 맡을 지식도 능력도 도덕성도 없는 자들입니다.

20140703

부패와 유능

"장병 일부 과다 출혈로 사망. 군의관은 2시간 뒤, 헬기는 3시간 반 뒤 도착." 최전선 구급 체계가 119 구급대만도 못하네요. 병사들의 생명보다 간부들의 골프를 더 중시하는 부패한 지휘부는 적군보다 훨씬 위험합니다.

군 의료진이 늦게 도착한 탓에 살 수 있었던 병사들이 죽었습니다. 제발 "부패했지만 유능하다"는 말 좀 하지 맙시다. 부패한 자는 결코 공공을 위해 유능할 수 없습니다. 부패해서 무능한 자들이 다스리는 곳은, 어디나 세월호입니다.

20140704

예의 주시

일본이 "일본 영토 밖에서 전쟁할 수 있는 나라"라고 선언했는데, 한국 외교부는 아무런 대응도 없이 그저 '예의 주시'하고 있답니다. 임진왜란 직전에도 '예의 주시'는 했습니다.

일본 극우 세력이 히틀러를 기리자며 하켄크로이츠를 들고 도쿄 시내를 행진했군요. 독일에서 그랬다면 죄다 잡혀갔을 텐데. 이게 과거의 국가 범죄를 제대로 반성한 나라와 그러지 않은 나라의 차이입니다. <u>반성하지 않기에, 상습범이 되는 겁니다.</u>

일제 침략을 정당화하고 친일 부역행위를 미화하는 뉴라이트가 정부의 비호 아래 지금처럼 계속 세력을 키우면, 머잖아 서울 시내에도 욱일승천기를 들고 행진하는 무리가 나올지 모릅니다. 과거를 반성하지 않는 민족에겐, 과거가 미래입니다.

친일부역자와 관련된 것이면 전부 버리자는 사람 많습니다. 하지만 이건 강도 범죄 피해자가 범행 증거물을 버리는 것과 같습니다. 오히려 지금이라도 '친일부역 역사 전시관'을 만들어 과거 우리 일부의 죄상을 드러내는 게, 더 나은 미래를 만드는 길일 겁니다.

하켄크로이츠를 앞세운 일본 시위대 행렬 뒤쪽에 "멸망시키자! 귀신 같고 축생 같은 중국과 한국을!"이라 쓴 플래카드가 보이네요. 일본이 전쟁할 수 있는 나라가 되면, 가장 먼저 어디를 침략할지 이래도 모르겠나요?

일본 극우는 한국인을 귀신, 짐승이라 모욕하고 한국을 멸망시키자는데, 한국 뉴라이트는 그들을 모방하려 안달입니다. 일제강점기 일제의 주구 노릇하며 동족을 모질게 학대하고 고문한 인간 백정들이 별종은 아닙니다. 지금도 그 후배들 많습니다.

20140704

140자로 시대를 쓰다

혼군

박근혜 정권 2기 내각에 부패하고 부도덕한 사람이 많은 걸 두고 '인사 참사'라고들 하는데, 국가적으로는 '참사'겠지만 대통령 기준에선 '적정 인사'죠. 부하들의 지적 도덕적 수준이 자기보다 높기를 바라는 지도자는 아주 드뭅니다.

유시민 씨가 대통령더러 "옛날로 치면 혼군"이라 했는데 적절치 못한 듯합니다. 민주주의 시대이니 우리 국민의 평균 수준이 '옛날로 치면 혼군'인 거죠. 주권자의 정신이 혼미하면, 부도덕하고 부패한 자들을 높은 자리에 앉히기 마련입니다.

조선시대 어지간한 임금들은 '혼군'이 안 되려 매일 몇 시간씩 공부했습니다. 공부와는 담 쌓은 채 그저 예쁜 옷 입고 놀러 가는 일에만 정신을 쏟는 주권자에게는, 자기와 똑같은 수준의 대리인이 어울립니다.

박 대통령의 무지개색 옷 색깔이 화제네요. 세상을 보는 눈이 옷 고르는 눈만큼만 되었어도 좋으련만. 옷은 다채색으로 고르면서 세상은 그저 흑백으로만 보니…… 다른 색깔을 식별할 수 있게 되면 좋은 장관 후보자가 훨씬 많이 보일 겁니다.

'교육 차원'에서 제자들에게 신문 칼럼을 '대필'시킨 사람이 교육부총리가 되면, 대리 출석, 대리 시험, 논문 대필 등이 모두 '교육적' 행위로 교육부 지원 대상이 되겠네요. 단군 이래 이렇게 후안무치한 교육적 발언은 없었습니다.

사기꾼이 사기를 가르치는 건 교육이 아니라 '범행 수법 전수'입니다.

20140708

부패의
의지

청문회를 보고 "애국심이 넘치는 사람들인 줄 알았는데 왜들 저렇게 하나같이 썩었나?"라는 사람이 더러 있더군요. 부패한 자들은 오직 부패한 나라만 사랑합니다. 그들이 내세우는 '애국심'은 나라를 부패시키려는 '의지'일 뿐입니다.

부패한 자들이 '애국'을 내세워 추악한 본모습을 은폐해온 것이야말로, '과거로부터 누적된 적폐'입니다. "애국심만 있으면 부패해도 괜찮다"는 자들이야말로 나라를 망치고 국민을 죽이는 사악한 범죄자들입니다. 진짜 사랑은, 절대로 부패하지 않습니다.

일제강점기 일제 권력에 빌붙어 위세를 부리고 이득을 챙겼던 자들도 자기들이 '애국자'라고 주장했습니다. 지금의 자칭 '애국자'들이 일제 침략을 미화하는 것도, 자기들의 정신적 선배가 어떤 자들인지 너무나 잘 알기 때문일 겁니다.

"쓸 만한 인재라고 생각했는데 알고 보니 쓰레기더라." 이건 애초에 변명이 안 되는 거죠. 쓰레기가 쓸 만하게 보이는 건, 자기 눈이 똥파리 눈과 비슷하기 때문입니다.

20140710

도살죄

이스라엘인들은 독일인들을 비난할 자격을 잃었습니다.

그들이 모른다면, 깨닫게 해주는 게 이 시대 인류의 책무입니다.

둘의 죄를 상쇄해서도 안 됩니다.

누구의 죄인가가 중요한 게 아니라 어떤 죄인가가 중요합니다.

'도살죄'는 인간성을 죽이는 죄입니다.

강도 피해자만 강도를 비난할 수 있는 건 아닙니다.

강도짓은 누구나 비난해야 합니다.

강도 피해자가 강도짓을 한다면, 그 역시 처벌받아 마땅합니다.

범죄 자체를 증오하지 않는 피해자는,

어떤 도덕적 정당성도 가질 수 없습니다.

20140711

140자로 시대를 쓰다

이간질

세월호 유가족들이 대학 입학 특례와 의사자 지정을 요구한다는 등의
거짓말로 일반 국민과 유가족을 이간시키려는 악의적 트윗이
자주 눈에 띕니다. 아픈 사람을 괴롭히는 짓은,
인간이 할 수 있는 가장 더러운 짓입니다.

희생자 가족을 나쁜 인간들로 매도하여 보통 사람들과 이간시키는 건,
범죄자와 그 조력자들이 희생자들을 망각 속에 묻기 위해
즐겨 써온 술수입니다. "잊지 않겠다"는 약속을 지키려면,
먼저 이 더러운 술수에 넘어가지 않아야 합니다.

20140712

이스라엘 편

한국 개신교인들 중에는 무슨 일에서든 늘 이스라엘 편을 드는 사람이 많은데, 참 이해하기 어려운 현상입니다. 예수를 십자가에 못 박은 것도 이스라엘 사람들이었다는 사실을 모르는 건지.

"우리 민족도 이스라엘 민족처럼 하나님이 선택한 선민"이라고 주장하는 목사도 많습니다. 민족차별주의와 인종주의를 설파하는 자들은, 겉으로 섬기는 신의 이름이 무엇이든 '악마 추종자'일 뿐입니다.

20140713

감성장애인

세월호 유가족들이 새누리당의 특별법안에 항의해 무기한 단식에 돌입했군요. 이건 대통령의 눈물 한 방울에는 감복하면서 300여 유가족의 피눈물은 냉정하게 외면하는 수많은 '감성장애인'들을 향한 절규일 겁니다.

"대통령이 눈물 흘릴 때 같이 울지 않으면 백정"이라 하면서도 정작 유가족들의 눈물과 단식은 거들떠보지도 않는 잔인한 마음, 이 마음과 팔레스타인 어린이들을 학살하면서도 죄책감을 느끼지 못하는 이스라엘인들의 마음은 같은 마음입니다.

20140714

부패한 민주주의

자기 의식 구조와 생활 태도를 바꿀 생각은 눈곱만큼도 없는 데다가 부패하고 무능한 친척 친구들로 임원진을 채워놓은 CEO가 평직원들을 상대로 '기업 혁신'을 외치는 건, 직원들을 더 괴롭히겠다는 뜻일 뿐입니다.

"지적 수준이 낮고 전략적 세련미가 떨어지며 미성숙하다."
_한국 정부의 외교안보팀에 대한 워싱턴 외교가의 평가
여기에 "도덕적 수준이 낮고 염치를 모르며 몰인정하다"를 더하면, 현재 한국인 상당수에 대한 정당한 평가가 될지도……

한국이 아시아 선진국 중 최악의 부패 국가로 뽑혔답니다. 독재국가라면 정부 관료가 썩은 탓이라 할 수 있지만, 민주국가가 부패하는 건 국민 다수가 썩었기 때문입니다. '부패한 민주주의'가 '부패한 독재'보다 훨씬 더 큰 문제입니다.

20140716

정명 正名

"유족들이 보상금 더 받아내려 단식한다"는 말을 믿는 자들은, 자기 자식 목숨을 돈과 맞바꿀 마음의 준비가 된 자들입니다. 이렇게 마음이 썩어버린 국민이 많으면, 그런 자들이 모두를 다스리게 되고, 당연히 나라도 썩어 문드러집니다.

유병언 잡겠다며 현상금 5억 걸고 군 2개 사단을 동원하고 반상회까지 열게 했던 정부입니다. '유병언 잡기'에 쓴 권한의 10분의 1만 위원회에 줘도, 세월호 참사의 진상을 낱낱이 밝힐 수 있을 겁니다.

어버이연합의 세월호 유가족 단식 농성장 침탈 시도. '한국적 민주주의'라는 이름으로 진짜 민주주의를 짓밟던 시대가 낳은 괴물들이, 이제 '어버이'라는 이름으로 진짜 어버이들의 마음을 짓밟는군요.

공자는 정치란 '이름을 바로잡는 것(정명)'에서 시작해야 한다고 했습니다. 부패가 태연히 애국을 자처하고, 잔인과 포악이 뻔뻔하게 어버이 마음을 참칭하는 건, '사기'가 '정치'의 탈을 쓴 시대이기 때문일 겁니다.

17살 동혁이는 해경이 온 것을 보고 "나 무섭다. 나 살고 싶어"라 했습니다.

아이들이 죽은 게 부모 책임이라는 어버이연합 어르신들, 당신들이 길에서 쓰러져 살려달라 외치는데 경찰이 보고 그냥 지나치면, 그때도 자식들만 탓할 건가요?

"늙으면 애 된다"는 옛말이 공연히 생긴 게 아닙니다. 늙어서 애만도 못한 분별력을 갖게 되면, 그때부턴 '공경'이 아니라 '보호'의 대상입니다. '공경'은 배움이고 '보호'는 가르침입니다.

어버이연합이니 엄마부대니 하는 단체들이 유가족 농성장에 찾아가 "도대체 정부가 잘못한 게 뭐냐?"고 물으며 행패를 부리는데, 유가족이 이 더위에 농성하는 건 그 의문을 풀어주려는 거예요.

20140717

140자로 시대를 쓰다

인지상정

얼마나 슬플까, 얼마나 힘들까, 얼마나 괴로울까, 오죽하면 저럴까 등 불쌍한 사람에게 공감하는 마음이 '인지상정', 줄여서 '인정'입니다. 상식이 없으면 '무식한 인간'이 될 뿐이지만, 인정을 버리면 '악귀'가 됩니다.

물리적 폭력이 적었던 대신 언어폭력, 즉 '욕설'이 발달한 걸 한국 중세문화의 한 특징으로 보는 견해가 있습니다. "염병막살이 3년에 똥물 한 바가지도 못 얻어먹을 놈" 같은 욕설을 만들어내는 문화는 흔치 않다는 거죠.

요즘엔 인지상정을 내버린 악귀 같은 것들에게 쓸 새 욕설이 필요할 듯합니다. "교통사고 당해 고속도로에 석 달 열흘을 널브러져 있어도 구조받지 못할 놈(년)"이나 "자식 먼저 보내고 누가 네 자식더러 죽으라고 그랬냐는 욕설 들을 년(놈)" 같은.

20140721

SF 무협 판타지

5월 22일 유병언 구속영장 발부.

5월 30일 도주 차량 발견.

6월 12일 변사체 발견.

7월 21일 유병언으로 확인.

단 열흘 만에 형체를 알아보기 어려울 정도로 부패한 시체. 40일 걸린 신원 확인. 사실과 허구, 현대와 고대를 오가는 SF 무협 판타지.

유병언 시체 확인 다음 순서는 '수사 종결'이겠죠. 유병언과 함께 참사에 대한 기억을 묻어버리고 싶은 자들 많겠지만, '구조' 안 한 책임이 그에게 있는 건 아닙니다.

유병언의 혐의는 배임, 횡령, 탈세입니다. '정부의 방치 또는 구조 지연' 원인을 밝혀야 세월호 참사의 진상이 드러나는 거죠. 세월호 침몰의 배경을 아는 것과 참사로 이어진 이유를 밝히는 건 '별건'입니다.

세상을 발전시킨 건 언제나 '합리적 의심'이었습니다. 의심할 줄 알았기에 '인간'이 된 겁니다. 합리적 의심조차 배격하는 '맹신'은, 세상을 썩게 만들고 인간성을 퇴보시키는 '인류에 대한 범죄'입니다.

수백억대 재산가가 배임 횡령 탈세 혐의로 5억 원 현상금이 걸린 채 군대와 경찰에 쫓기다 노숙자 꼴이 되어 자살. 정말 드라마틱합니다. 재벌의 노역 일당은 5억 원으로 쳐주는 나라에서 일어난 일이기에, 더 황당합니다.

유병언의 죽음으로 세월호 300여 명의 죽음을 상쇄했다고 생각하는 자들 많은데, 이 죽음은 무엇으로도 상쇄되지 않습니다. 게다가 해경이 세월호에 접근했을 때 그 300여 명은 다 살아 있었습니다.

20140722

역사의
짐

"진상조사위원회에 수사권을 주는 건 피해자에게 칼을 쥐여주는 격."
_국민대 모 교수

비유가 적절치도 않지만, 이 비유대로라면 지금 '가해자'는 기관총, 수류탄, 화염방사기로 무장하고 있는 격이죠.

1948년 민족의 염원에 따라 설치됐던 '반민족행위특별조사위원회'는 이승만 정권의 조직적인 방해로 와해됐고, 민족반역자 처단 문제는 결국 역사의 짐으로 남았습니다. 세월호 특위도 반민특위처럼 만들려는 자들 많을 겁니다.

역사가 길면 그만큼 부끄럽고 창피한 일도 많은 법입니다. 지금 세월호 참사의 진상을 규명하지 못하면, 미래 세대에 또 다른 '역사의 짐'을 안기게 될 겁니다. 잘못을 청산하지 못하고 부끄러운 역사로 만들어 미래에 떠넘기는 세대가 역사의 죄인들입니다.

이스라엘군에 의해 희생된 팔레스타인 어린이들 사진도, 검경이 유병언으로 단정한 시신 사진도, 다 끔찍하고 참혹합니다. 하지만 사람들이 보기 싫다고 외면하기 때문에, 진실이 은폐되고 같은 참사가 되풀이되는지도 모릅니다.

20140723

사람 죽이는
경제

"박정희가 사람은 여럿 죽였지만 경제는 살렸다"는 사람이 많기에, "세월호 참사는 잊고 휴가 하루 더 가서 흥청망청 놀아야 경제가 산다"는 주장이 나오는 거죠. 이런 마음으로 살리는 경제가, '사람 죽이는 경제'입니다.

지문이 없다면 바로 손가락을 찾아내고 돈 가방이 없다면 바로 돈 가방을 발견하고 안경이 없다면 바로 안경을 구해옵니다. 죽은 자의 신원을 확인하는 일에는 이처럼 신속하게 돌아가는 시스템이 사람을 살리는 일에는 왜 작동하지 않았는지, 그게 정말 궁금합니다.

김기설과 강기훈의 필적이 같다고 '과학적으로' 판정하여 억울한 희생자를 만들었던 그 국과수가, 이번엔 순천에서 발견된 시신은 유병언이 맞다고 '과학적으로' 판정했군요. 한국의 '국립과학'을 엄밀한 의미의 과학이라 할 수 있을까요?

"4대강 사업을 하면 수질이 좋아진다"는 황당한 주장을 '과학적으로' 입증한 것도 '국립과학' 기관들이었습니다. 과학적 지식은 본래 '상식' 위에 있어야 하지만, 한국의 '국립과학'은 종종 상식 이하의 수준에 있었습니다.

20140725

불행을
조롱하는 사회

그들은 먼저 피해자들에 대한 헛소문을 퍼뜨려 다른 사람들로부터 고립시킵니다. 그 뒤 피해자들을 일일이 회유하여 분열시킵니다. 잔인한 사회는 그렇게 재생산되고, 얼마 후 피해자를 욕했던 자들이 또 다른 피해자가 됩니다.

불행한 사람들을 대하는 태도가 한 사회의 수준을 결정합니다.
불행에 빠진 사람들을 조롱하고 비난하는 사회에선,
누구든 불행에 빠지는 순간 조롱과 비난의 대상이 됩니다.

20140726

문화재
보존

"춘천 '레고랜드' 조성부지서 대규모 선사 유적 발굴."
이건 마을 유적이라기보다는 '도시 유적'이라 해야겠군요. 이런 기사가 1면 톱이 되는 시대에 살고 싶다면, 허황한 꿈일까요?

"확인된 유구는 고인돌支石墓 101기, 집터 917기, 구덩이竪穴 355기, 바닥 높은 집터 9기高床式, 긴 도랑溝狀遺構 등이며, 청동기 시대와 삼국 시대 이후의 밭도 일부 확인됐다. 고인돌이 강원도 지역에서 대규모로 확인·발굴된 것은 처음이다. 특히 이번에 확인된 고인돌 묘는 열을 맞춘 것으로 드러나 비상한 관심을 끌고 있다."_연합뉴스, 2014년 7월 28일

레고랜드 사업이 어떻게 될지 지켜봐야 하겠지만,
분명 문화재가 밥 먹여주느냐는 사람들도 있을 겁니다.
그러나 밥만 먹여주면 되는 건 가축입니다.
문화재를 만들고 남기고 보존하는 것은 '인간다움'의 본령에 해당합니다.

20140728

나잇독

어버이연합이 세월호 유족들을 비방하는 허위광고를 냈다가 그 간부가 선관위로부터 고발당했군요. 잘못 먹으면 독이 되는 건 약만이 아닙니다. 나이도 잘못 먹으면 치명적인 독이 됩니다. 이성과 양심을 마비시켜 짐승으로 만드는 독.

노약자석에 앉은 임산부를 괴롭힌 노인, 예수 믿으라며 초등생을 폭행한 노인, 세월호 유족을 비방한 노인. 나잇독이 오르면 사람 자격을 잃습니다. 사람으로 태어났다고 다 사람으로 죽는 건 아닙니다. 음식 잘 먹는 것보다 '나이' 잘 먹는 게 훨씬 중요합니다.

20140729

연산군과 세종

선거 결과가 나오면 꼭 이긴 쪽에 대고 "민심을 오독하지 말기 바란다" 따위의 주문을 하는 기사가 나곤 합니다. 하지만 선거 결과가 살아 있는 민심입니다. 대의제 민주주의에서 투표하지 않는 사람과 '시체' 사이에는 아무런 차이도 없습니다.

"국민은 현명했다"도 선거 뒤 자주 나오는 말입니다. 민주주의 시대에는 국민이 주권자입니다. 왕조 시대의 모든 왕이 현명하지 않았듯, 국민의 선택이 다 현명하진 않습니다. 왕조 시대에 무지한 폭군이 많았던 것처럼, 민주주의 시대에도 그런 주권자 많습니다.

민주주의 시대에 세종 같은 지도자가 나오기만을 바라는 건 어리석은 일입니다. 세종처럼 스스로 공부하고 이웃을 돌보는 주권자가 많으면 세종 시대인 거고, 연산군처럼 방탕하고 탐욕스러운 주권자가 많으면 연산군 시대인 거죠.

요즘 기준에서 연산군이 특별히 나쁜 인간은 아닙니다. 그는 억울한 사람이 생기건 말건, 남이야 죽건 말건, 제 욕심이나 채우고 제 원한이나 갚으면 그만인 인간이었을 뿐입니다. 현대 한국인의 평균 수준은, 세종보다는 연산군에 훨씬 가까울 겁니다.

20140729

이순신

이순신 장군 모함하는 말에 속아 넘어갔다고 선조를 '무능한 등신'이라 비난하면서, 정작 자기는 세월호 유가족 모함하는 말에 잘도 속아 넘어가는 사람들. 저승의 선조가 비웃을 겁니다. 진짜 무능한 등신들이 누구냐고.

이순신 장군을 위인으로 숭배한다는 사람이
이토록 많은 시대인데도,
모함당하는 사람들의 억울함은 외면하고
오히려 모함하는 자들을 지지하는 시대.
저승의 이순신 장군이 허탈하게 웃을 겁니다.
자기를 존경한다는 말이나 하지 말라고.

20140731

140자로 시대를 쓰다

노숙자

새누리당 김태흠 의원이 국회 앞에서
농성 중인 세월호 희생자 유족들더러
'노숙자' 같다고 해서 물의를 빚었군요.
진상 규명 없이 '지원책'이나 모색하겠다는 사람에겐 그렇게 보일 수 있겠죠.

20140802

4장

부끄러움을 모르는 사회

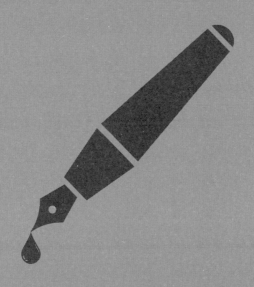

훈련

자식 학교 보내곤 왕따 당할까만 신경 쓰고,
군대 보내곤 맞을까만 걱정하고……
피해자 되는 건 큰일이지만
가해자 되는 건 별일 아니라 생각하는 이런 문화가,
잔인한 사회를 만듭니다.
세월호 희생자 유족을 향한 잔인한 시선도,
이런 '훈련'의 결과입니다.

순진한 청년 → 가혹한 폭언 폭행 → 내무반 폭군 → 평범한 사회인.
한국 군대가 '사람' 만드는 방법.
저보다 약한 사람만 무자비하게 괴롭히는 비겁한 양아치가
'평범한 사람'인 사회.

20140805

140자로 시대를 쓰다

무지막지

조갑제 씨가 모든 장병에게 실탄을 장전한 총을 휴대하게 하면 사고가 안 난다고 주장했군요. 그냥 전 국민에게 장전한 총을 나눠주라고 하지. 성폭력, 가정폭력, 학교폭력 다 사라질 텐데…… 극단주의는 이념이 아닙니다. 살인을 부추기는 질병입니다.

"윤 일병 폭행 살인 사건은 인성교육 탓"이라는 건 일리 있는 말입니다. 하지만 세월호 참사를 교통사고라 하고 유족들더러 노숙자라 하는 사람들이 버젓이 국회의원 노릇하는 나라에선, '잔인한 인성'이 모범입니다.

사람이면 배우지 않아도 아는 게 '지知', 배워야 아는 게 '식識'입니다. '사람을 칼로 찌르면 안 된다' 같은 건 학교에서 가르치지 않지만 사람이면 누구나 압니다. 그래서 그런 걸 모르는 자들을 '무식'하다 하지 않고 '무지막지'하다고 합니다.

살려달라 애원하는 후임병을 때려 죽인 자들과 자식 죽은 이유를 알아야겠다고 단식하는 부모들을 노숙자 취급하는 자들 사이에 큰 차이는 없습니다. 모두 무지막지한 것들이죠. 가장 나쁜 인성교육의 장은, 유식하나 무지한 것들이 득세하는 사회입니다.

구조 잘못으로 죽어도 재수 없어서, 생때같은 자식 잃어도 재수 없어서, 선
임에게 맞아 죽어도 재수 없어서, 후임을 때려 죽여도 재수 없어서……
우리 사회는 아직 '재수귀신'이 다스리는 원시사회입니다.

20140807

140자로 시대를 쓰다

잔인한
합리성

조선시대 양반들 중에는 부리던 노비가 늙어 병에 걸리면, 밥을 주지 못하게 하여 굶겨 죽이는 자가 많았습니다. 그들은 이게 '비용을 아끼는' 합리적 선택이라 믿었습니다. 잔인한 건, 그들 개개인이 아니라 그 시대의 문화였습니다.

후임병을 무참하게 때려 죽인 병사들, 아는 여고생을 죽이고 시신마저 훼손한 여중생들, 단식하는 유족더러 '쇼'한다고 하는 여당 의원. 참 잔인한 시대입니다. '측은지심'이 없는 상태가 '이성'이라고 선동하는 자들이, 이런 시대를 만든 주범입니다.

20140808

칭찬인지
욕인지

대마도 해전에서 이겨 일약 일본의 영웅이 된 도고 헤이하치로에게 기자들이 찾아가 넬슨이나 이순신보다 위대하다고 아첨을 늘어놓았습니다. 그러자 도고는 "나를 넬슨과 비교하는 건 좋으나 이순신과 비교하는 건 도저히 감당할 수 없다"고 했습니다.

기자들이 이유를 묻자 그는, "넬슨은 영국 정부와 국민의 전폭적인 지지 아래 이겼고 나도 그랬다. 그러나 이순신은 정부가 부패하고 백성들이 비굴했음에도 이겼다. 조선 같은 나라의 장수가 되어 이기는 건, 나로서는 할 수 없는 일이다"라고 했습니다.

이순신 장군의 리더십을 배우라며 직원들에게 영화 〈명량〉을 보라고 권유하는 기업이 많답니다. 하지만 아무나 영웅이 될 수는 없습니다. 국가든 기업이든, 이순신 같은 사람이 없어도 무방해야 건강한 겁니다.

20140808

한국의 안전

윤 일병을 죽인 병사들이 "안전하게 때렸다"는 취지로 진술했답니다. 국제 기준에서 안전은 '위협을 느끼지 않는 상태'지만, 한국에선 '죽지 않을 정도'입니다. "그 정도 때려서 안 죽어", "그 정도 일해서 안 죽어", "그 정도 공부해서 안 죽어"는 일상 언어죠.

"죽고자 하면 살고 살고자 하면 죽는다"는 이순신처럼 먼저 죽을 각오를 한 사람이나 할 수 있는 말입니다. 우리 사회의 큰 문제는 아파보지도 않은 자들이 아프니까 운운하고, 죽을 각오 해본 적도 없는 자들이 남에겐 죽을 만큼 하라고 요구하는 겁니다.

20140808

본의 아닌 범죄

침몰하는 배 안에 수백 명이 갇힌 걸 알면서도 구하지 않은 해경, 후임병을 무참하게 때려 죽인 군인, 유족을 쓰러뜨리고선 웃는 경찰…… 군경은 국가의 수족입니다. 국가의 수족이 잔인한 건, 국가의 정신이 잔인하기 때문입니다.

이석기 의원이 항소심에서 내란음모 무죄, 내란선동 유죄 판결을 받았군요. 재판부가 '본의 아닌 범죄'로 판단한 모양인데, 우리나라에서 '본의 아닌 범죄'를 저지르는 건 장관의 기본 자격 요건 아니던가요?

20140811

140자로 시대를 쓰다

현대의
시공간 감각

420년 전 진도 앞바다는 기억하면서
120일 전 진도 앞바다는 잊어버리고,
수만 리 머나먼 곳에서 죽은 사람은 애도하면서
가까이에서 단식하는 유족들은 외면하는 시대.
미디어에 교란되는 현대의 시공간 감각.

20140812

모범

박 대통령이 전군지휘관 회의에서 "부모 마음 짓밟으면 누구든 문책"하겠다 했군요. 우선 세월호에서 희생된 아이들 부모 마음 잔인하게 짓밟은 새누리당 의원들과 육체까지 짓밟은 경찰 책임자부터 문책해야죠.

국가 원수의 가장 중요한 책무는 '모범'이 되는 겁니다. 자책할 줄 모르는 지도자는 '아랫것'들만 탓하고, 그 '아랫것'들은 더 '아랫것'들을 잡습니다. '아랫것'이라는 죄로 억울하게 죽는 세상을 만드는 건, '모범'이 될 줄 모르는 지도자입니다.

20140813

파 파 프 란 치 스 코

34일째 단식 중인 유민 아빠 김영오 씨의 손을 잡고 따뜻하게 위로해준 교황, 정말 고맙습니다. 반면에 이제껏 이 땅의 종교 지도자 누구도 이러지 않았다는 사실이, 너무 부끄럽고 참담합니다.

　한국 개신교 지도자 중에 "내가 교황만 못한 게 뭐냐?"고 한 사람이 있답니다. 당신에겐 유가족을 비하하는 비루한 영혼이 있을 뿐, 유가족의 손을 잡고 눈을 맞추는 '따뜻한 영혼'은 없습니다.

"평화는 정의의 결과······ 진보와 발전을 경제적 개념으로가 아니라 사람 중심으로 이해해야."_프란치스코 교황

　"교황 발언을 정치적으로 이용하지 말라."_새누리당 일부

　아무리 훌륭한 스승이라도, 배울 자세가 안 된 것들을 가르칠 순 없습니다.

20140816

악마의 주문

군대에서 추행한 경기지사 아들이야 비난받아 마땅하지만, 이 나라에서 자기 뜻대로 자식 키웠다고 할 수 있는 부모가 얼마나 될까요? 그저 자기 자식 두둔하기 위해 "애들이 그럴 수도 있지"라는 말만 안 하고 키워도 괜찮은 부모라 할 수 있을 겁니다.

"애들이 그럴 수도 있지."
"군대에서 그럴 수도 있지."
"사업하다 보면 그럴 수도 있지."
"정치하다 보면 그럴 수도 있지."
사람을 해치고 나라를 망치는 악마의 주문들.

노란 리본이 무당집에 걸린 헝겊조각 같다며 꼴 보기 싫다던 인간 많았는데, 교황은 노란 리본을 가슴에 달고 출국했군요. 타인의 간절함을 비웃는 자들이야말로, 저열한 잡귀에 썬 자들입니다.

20140818

나라의 과거

어린이가 나라의 미래라면 노인은 과거입니다. 탐욕스럽고 그악스러우며 남 배려할 줄은 모르면서 대접받기만 바라는 노인이 많은 것도, 우리 현대사의 소산입니다. 역사의 흐름을 바꾸지 못하면 이게 우리 모두의 미래 모습입니다.

아니나 다를까, 교황더러도 좌파 선동꾼이라 하는 것들이 꽤 있네요. 이런 것들이 구제불능의 악귀거나 짐승인 거죠.

"고통 앞에서 중립을 지킬 수 없었다." _프란치스코 교황
세상을 악으로 물들이는 건, 중립을 지키겠다며 '방관'하는 행위입니다. 방관은 시비선악을 못 가리는 바보들과 승자의 꽁무니만 쫓는 기회주의자들의 습관이며, 그래서 언제나 악의 편입니다.

20140819

구역질

저토록 처절히 절규하는 유가족더러 "구역질나고 경멸스러우며 짜증난다"는 자와 그 글을 리트윗하는 자들이 꽤나 많군요. 저들은 자기가 얼마나 구역질나는 존재인지 모를 겁니다. 인간의 고통을 조롱하는 것들이야말로, 구역질나는 악귀입니다.

20140820

140자로 시대를 쓰다

인간성
평 균

송파구 싱크홀을 남침용 땅굴이라 주장하는 자들이 많군요. 지하철과 한강 바닥 밑으로 수십 킬로미터 땅굴을 팠다고 믿을 정도면 심각한 병입니다. 문제는 병균을 자양분으로 삼는 자들이 있다는 겁니다. 병균을 자양분으로 삼는 존재가, 인간일 수는 없습니다.

자기는 굶어도 자식은 먹이는 게 정상적인 부모입니다. 하지만 옛날에도 노름돈 구하러 제 자식 사창가에 팔아넘기는 버러지 같은 것들 많았습니다. 지금 세월호 유가족더러 돈 때문에 저러는 거라 떠드는 자들이, 바로 그런 무리입니다.

자식 둔 부모 마음이 다 같지는 않습니다. 남의 부모더러 죽은 자식 팔아 돈 챙기려 든다고 믿는 것들은, 저 스스로 그럴 마음의 준비가 된 것들입니다. 이런 짐승만도 못한 것들 때문에, 인간성 평균이 짐승 수준에 머무는 겁니다.

대통령이 직접 크루즈 산업 육성법을 빨리 통과시키라고 주문한 게 엊그젠데, 세월호 특별법은 대통령이 나설 일 아니랍니다. "돈만 벌면 되지 사람이 죽건 말건 내 알 바 아니다"라는 의미인데, 이게 이 시대를 대표하는 철학일 겁니다.

20140821

사기꾼

"대통령께서는 유족의 애끓는 마음을 반영해 강력한 특별법을 만들라고 하셨다." _5월 16일 청와대

"특별법은 여야가 합의해 처리할 일이지 대통령이 나설 일 아니다."

_최근 청와대

앞뒤도 못 맞추는 사기꾼과 다른 점이 뭔가요?

20140822

상상과
현 실

유가족들이 이미 수십억을 받았다는 조직적 마타도어에 속아 유가족들을 물어뜯는 자들이 많습니다. 개에게 사람을 물어뜯으라고 시킨 개 주인이 나쁜 놈이지만 그렇다고 사람 무는 개를 용서할 순 없습니다.

대마도로 끌려간 최익현이 단식에 돌입했을 때, 그 잔인한 일본군도 단식을 말리려 노력했습니다. 목숨 걸고 단식하며 만나달라는 사람 거들떠보지도 않고 자갈치시장이나 방문한 대통령을 두둔하는 자들, 심성이 이러니 일제 통치도 좋게 보이는 거죠.

40일간 단식하여 생명까지 위태로운 사람에 대해 악질적인 흑색선전을 퍼뜨리는 흉악한 인간들이 있으리라곤 상상도 못했습니다. 일단 끔찍한 상상이 현실화하면, 그 뒤에 기다리는 건 더 끔찍한 현실입니다.

20140823

돌팔이

세월호 참사는 '침몰'과 '구조 실패'라는 두 개의 연속된 사고입니다. '침몰'은 국가 안전 관리 시스템의 결함 때문이고, '구조 실패'는 국가 재난 대응 시스템의 결함 때문입니다. 재발 방지를 위해선, 두 가지 결함 모두를 치료해야 합니다.

'세월호 특별법'의 핵심은 '유가족을 위로'하는 데 있는 것이 아니라 '국가 시스템의 결함을 치료'하는 데 있습니다. 정부 시스템에 어떤 결함이 있고 정부가 잘못한 게 무엇인지 정확히 밝혀야, 비슷한 일이 되풀이되는 걸 막을 수 있습니다.

지금 고통받는 건 유가족이지만 진짜 중병이 든 건 정부입니다. 중병 든 환자가 수술받기 싫다고 정밀 검사를 거부하면, 병은 더 심해집니다. '세월호 특별법'은 정부의 병을 고치고 국민을 살리기 위한 치료법입니다.

병의 원인을 밝혀 치료할 생각은 않고 진통제로 통증만 완화시키려 드는 의사는 돌팔이입니다. 치료 과정이 고통스럽고 불편하다고 '돌팔이식 치료법'에만 의존하는 멍청한 환자들은, 돌팔이를 먹여 살리고 자기가 죽습니다.

20140823

140자로 시대를 쓰다

인정仁政

어떤 사람이 "옛날에도 임금에게 억울한 사정을 하소연하기 위해 수십 일간 단식한 사람이 있었냐?"고 물었습니다. 조선시대에는 억울한 일을 당한 사람이 임금에게 직접 하소연할 수 있는 길이, 지금보다 오히려 넓었습니다.

지방에 다녀오던 세종이 길가에 백성이 보이지 않자 지방 수령에게 연유를 물었습니다. "잡인이 임금의 이목을 어지럽힐까봐 나오지 못하게 했다"는 대답을 들은 세종은 불같이 화를 냈습니다. "수령이란 자가 감히 백성과 임금 사이를 가로막다니……"

왕이 억울한 백성의 말을 직접 듣는 제도로 조선 전기에는 신문고가 있었고, 중기 이후에는 상언과 격쟁이 있었습니다. 신문고를 폐지한 건 연산군이었고, 부활시킨 건 영조였습니다. 백성의 억울한 사정을 외면하는 자는 폭군이 되기 마련입니다.

세종 동상에 그의 영혼이 깃들어 요즘 일을 본다면, "40일간 굶으며 호소하는 사람을 외면하는 정치가가 있다는 말은 고금에 듣도 보도 못했다"며 분노했을 겁니다. 세종 시대와 정반대의 정치를 지지하면서, 세종 같은 지도자를 바라는 것도 정신이상입니다.

인정人情을 베푸는 정치가 '인정仁政'입니다. 세종이 어린 백성을 먼저 생각했기에, 한글을 만든 겁니다. 예나 지금이나 '불쌍한 사람의 말'에 먼저 귀 기울이는 게 좋은 정치의 출발점입니다. 마음이 모질면 무슨 일에든 포악해지는 법입니다.

생명이 위태로운 사람에게 "단식하다 죽어라"고 저주하는 자, 그걸 잘했다고 칭찬하는 자, 악마는 '멀쩡한' 자들 안에 있습니다. 이 악마들이 충성을 바치는 대상은, 이름이 무엇이든 '대마왕'입니다. 나치 독일에서 악마의 주문이 "하일 히틀러"였듯.

20140824

140자로 시대를 쓰다

맹 목 적   사 랑

"종북 반정부 활동가들이 주소를 옮겨 자식들을 단원고에 입학시킨 뒤 박근혜 대통령을 흔들려 세월호 사고를 기획했을지 모르니 조사해야 한다"는 '시인'이 다 있네요. 학교에서 열심히 배우면 뭐하나요? 사회가 이런 저질 저능 수준에 맞추라고 가르치는데.

두더지는 땅속을 사랑하고 박쥐는 동굴을 사랑하며 시궁쥐는 시궁창을 사랑합니다. '애국'이 무조건 미덕은 아닙니다. 미친 것들은 미친 국가를 사랑하며 포악한 것들은 포악한 나라를 사랑합니다. 잔인하고 양심 없는 자들의 애국은, 인간에 대한 범죄입니다.

"4대강 공사로 수해를 막을 수 있다"는 말, 곧이곧대로 믿은 사람 많았습니다. 이 재앙을 겪고도 "원전은 안전하다"는 말 그대로 믿는 사람 많을 겁니다. 맹목은 학습과 반성의 의지를 박탈하기에, 맹목적인 사람에게는 어떤 재앙도 교훈이 되지 못합니다.

나라에 재앙이 생기든 말든 돈만 챙기면 된다는 자들이 '애국 세력'을 자처합니다.
이런 것들은 '애국 세력'이 아니라 나라를 해치는 '해국 세력'입니다.
'해국 세력'을 두둔하다 보면, 스스로 나라를 좀먹는 '해충'이 됩니다.

20140825

좀비

"유가족이 대통령께 욕했던 거 먼저 사과하면 나도 사과하겠다."

_유민 아빠를 저주했던 배우

이 사람이 노무현을 뭐라 불렀는지는 모르나, "대통령을 욕해 국민의 스트레스가 풀린다면 얼마든지 욕을 먹겠다"던 민주주의자와 정반대 입장인 건 분명합니다.

희생자의 인성을 말살하여 또 다른 가해자로 만드는 것, 이것이 전체주의자와 좀비의 공통점입니다. 자기와 다른 인간 모두를 자기와 똑같은 존재로 만들려는 몰이성적 충동에 지배되는 것도, 전체주의자와 좀비의 공통점입니다.

자유대학생연합이 광화문 단식농성장 앞에서 '폭식투쟁'을 벌이겠답니다. 중고등학생 때 약한 애들 괴롭히고 약 올리는 기술만 배운 애들은 대학생이 돼서도 달라지지 않습니다. '이기는 법'만 가르치는 사회는, 사람 죽이는 괴물을 양산하기 마련입니다.

20140827

야만국

"고통 앞에 중립 없다"고 한 교황과 "피해자가 양보하라" 한 한국 추기경의 차이는 가톨릭 세계 지도자와 한국 지도자의 인품 차이이자, 세계 기준에서 '고결한' 인품과 한국 기준에서 '고결한' 인품의 차이입니다. <u>인성人性 면에서, 한국은 '야만국'입니다.</u>

20140828

벼랑 끝과
안전지대

김무성 새누리당 대표가 청년들더러 "눈 좀 낮추라"고 했군요. 벼랑 끝에 선 사람더러 조금 더 뒤로 물러나라는 격인데, 조금 더 뒤로 물러서도 괜찮은 건 안전지대에 있는 사람들입니다. 언제나 안전한 사람은 남의 절박함을 이해 못합니다.

한 걸음만 물러서면 낭떠러지 밑으로 추락하는 절벽 사회를 만들어놓고서 젊은이들더러 눈높이를 낮추라 주문하는 건 너무 파렴치합니다. 여당 대표면 젊은이들을 낭떠러지로 떠밀게 아니라 계단 쌓을 일을 고민해야죠.

20140829

진짜 인간

"송아지를 팔면 어미 소가 밤새 울었지만 동네 사람 누구도 뭐라 하지 않았다." _김제동

이게 진정 생명을 아끼는 '인간'의 말입니다. 이 말을 두고 '좌파 발언'이자 정치적 선동이라며 비난하는 무리야말로, 소에게도 저 주받을 자들입니다.

"언제까지 일본 식민 지배와 친일파를 탓하고 살 거냐"며 과거사에 대해 무척 쿨한 태도를 보이면서도, 지하철 노약자석에 임산부라도 앉아 있을라치면, "요즘 젊은 것들 경로사상이 없다"고 화를 내는 노인 많습니다. 조선시대는 일제시대 이전입니다.

20140830

지겨워도 계속

"4대강 농지 물 빼는 데 265억 또 투입." 세월호 얘기 이제 지겹다는 사람들은 4대강 얘기도 지겹겠죠. 하지만 "지겨우니 그만두자"는 말을 가장 좋아하는 건, 도둑놈과 나쁜 놈들입니다.

세계 최장기 수요집회를 이어가는 위안부 피해자 할머니들더러 "지겹다"고 하는 자들은, 그 절규를 외면하는 일본 정부의 '징그러움'엔 무감각합니다. 정의를 요구하는 말과 행동에서 지겨움을 느끼면, 불의가 지배하는 '징그러운' 세상에서 살아야 합니다.

20140831

민살 법안

학교 옆에 호텔 짓게 하고 선상 카지노나 만들어 도박꾼 끌어들이며 영리병원 허용하여 의료비 폭등시키는 법안은 민생 법안이 아닙니다. 이런 법안은, 국민을 희롱하는 '민롱 법안'이자 국민을 못살게 만드는 '민살 법안'일 뿐입니다.

사람을 살리는 게 '민생'입니다. 침몰하는 배 안에서 살려달라 울부짖던 아이들을 구하지 못한 이유를 낱낱이 밝혀, 다시는 그런 일이 없도록 하는 법안이 민생 법안입니다.

"게임은 애들을 망치고 도박은 국민을 살린다." 이 시대 돈 밝히는 어른들의 황당한 논리죠. 탐욕은 언제나 억지의 동반자이며 지능의 적敵입니다.

유민 아빠 주치의까지 사찰하는 건, 앞으로 이런 환자 치료하지 말라는 뜻이겠죠. 살려달라 애원하는 후임병을 무참하게 때려죽인 그 잔인한 사병들이 뭘 보고 배웠겠습니까? 권력이 잔인하면, 사회 전체가 잔인해집니다.

후임병을 때려 죽인 사병들더러 "죽일 놈"이라 욕하면서 단식하는 유가족 조롱하는 것들더러는 "잘한다"고 칭찬하는 인간 많습니다. 단식농성장 앞에서 시시덕거리며 밥 먹는 대학생도 측은지심 없는 괴물이라는 점에서 살인

사병과 똑같은 놈입니다.

지하철에서 "젊은 것이 자리 양보 안 한다"며 행패 부리는 노인들은 왜 건장한 청년은 놔두고 꼭 임산부 등의 여성만 상대하려 들까요? 강자에게 한없이 비굴하고 약자에게 한없이 잔인한 게 체질이 되었기 때문입니다. 이게, 과거와 현재의 대한민국입니다.

20140901

최고 존엄

시간 끌어 지치게 만든다, 헛소문을 흘려 헷갈리게 만든다, 똘마니들 풀어 협박한다……

범죄자들과 나쁜 정치는, 하는 짓이 똑같습니다. 범죄자는 피해자와 목격자만 괴롭히지만, 나쁜 정치는 사회 전체를 악으로 물들입니다.

대통령을 공개 찬양하는 교사더러는 애국자라 하고, 공개 비판하는 교사는 구속하고.

지금 이 나라가 민주공화국 '대한민국'인지, 전제군주가 통치하는 '대한제국' 인지……

북한이 삼대 세습 왕조 국가가 된 건, '최고 존엄'을 만들어 섬겼기 때문입니다. '최고 존엄'은 민주주의를 자신에 대한 모독이라 여깁니다. 절대로 모독해선 안 되는 '최고 존엄'을 만드는 순간, 민주주의는 죽습니다.

20140902

수오지심

"의병들은 전부 강도죄로 잡혀 들어왔는데, 내가 병정일 때 상관과 동료였던 사람도 많았다. 먹고살려 간수짓을 하면서도 사람의 낯을 들고 그들을 대할 수가 없어 저녁에 집으로 돌아올 때는 부끄러움에 눈물을 흘린 적이 한두 번이 아니었다.

내 일생 가장 고통스러운 때는 기미 만세운동 당시였다. 잡혀온 사람들이 감옥 안에서도 만세를 부르는데, 상관의 호된 질책을 받으면서도 그들을 깍듯이 대했다. 조선인 간수들 모두 그만두자는 말까지 나왔으나 목구멍이 포도청이라 그러지 못했다."

대한제국 군인이었다가 일제강점기 간수가 된 사람의 회고입니다. 이 회고담은 일제강점기 신문에 실렸지만, 일제당국은 이 사람을 처벌하지 않았습니다. 지금 이 사람처럼 권력에 비판적인 사람을 '동정'하고 '존경'하는 공무원이 있다면 어떻게 될까요?

일제 때 감옥 간수조차 자기와 같은 처지였다 죄수가 된 사람들을 보고는 부끄러움을 느꼈습니다. 상관의 책망을 받으면서도 '죄수'들을 무자비하게 대하지 않았고 오히려 그들을 깍듯이 대했습니다. 일제 권력조차도 그런 간수들을 처벌하지 않았습니다.

삼보일배하는 세월호 유가족을 가로막고 시시덕거리며 폭력까지 행사하는 경찰들, '무슨 낯으로' 일제 경찰이나 간수들을 비난할 수 있습니까? 민주 경찰이 식민지 경찰이나 간수만큼의 동정심도 없어서야 되겠습니까?

일제 때 친일파들도 나름 부끄러움을 느꼈지만, 지금 뉴라이트는 그조차 씻어주려 합니다. 하지만 부끄러움을 모르면 사람이 아닙니다. 지금 뉴라이트가 득세하는 건, 이 사회가 부끄러움을 모르는 사회로 변해가고 있다는 뜻입니다.

20140902

지적
나태

"선장이 갑판 위로 올라가라고만 했어도……"_박 대통령

정말 왜, 선장과 간부 선원들은 미리 짜기나 한 것처럼 '일사불란'하게 승객들을 방치했던 걸까요?

한 번 더 왜냐고 묻지 않으면, 진실이 덮이는 경우가 많습니다.

태안 기름 유출 사고 때의 대통령은 직접 현장에 가서 "비용은 나중에 따지고 국가 자원을 총동원해 기름 확산을 막으라"고 지시했는데, 세월호 참사 때의 대통령은 왜 안 그랬는지, 청와대가 국가적 재난의 책임에서 면제된 게 언제부터인지도 정말 궁금합니다.

"기상 탓하지 말고, 비용 따지지 말고, 국가의 자원을 총동원하라. 필요하면 외국 도움이라도 받아라."

"아이들이 다 구명조끼를 입었다는데 그렇게 구하기가 힘듭니까?"

이런 차이가 왜 생겼는지도 밝혀야 하는 거 아닌가요?

사기 범죄 피해자더러 "순진해서 당했다"고 위로하는 경우가 많지만, 이때의 순진은 '지적 나태'와 동의어입니다. 왜냐고 한 번 더 묻지 않고 덜컥 믿어버리는 사람이 많은 사회는, '신뢰사회'가 아니라 '사기사회'가 됩니다.

"나 젊었을 때는 밥 굶어가며 하루 12시간씩 일했어" 운운하며 젊은이들더러 '눈높이를 낮추라'고 주문하는 사람들 많습니다. 그런 젊은이들이 필요하면, 방글라데시나 르완다 같은 곳으로 이민가면 됩니다. 이런 사람들이 원하는 세상은 거기에 있습니다.

20140903

사상 최대의 사기

이명박 정권이 계산한 4대강, 자원외교, G20, 평창 올림픽 등의 경제효과를 다 합하면 수백조 원에 달할 겁니다. 그 많은 돈, 다 어디로 갔나요?

사기꾼의 공범은 범행 대상자들의 '탐욕'과 '무식'입니다. 그러니 어느 곳에 서 역사상 최대 규모의 사기범죄가 성공했다는 건, 그곳에 어리석고 탐욕스 러운 자들이 역사상 최대 규모로 몰려 있다는 것과 같은 의미입니다.

20140904

진짜 애국심

학생들에 대한 규제를 조금 풀어줄라 치면 "애 망친다"고 난리치면서, 재벌에 대한 규제는 풀어야 나라가 산답니다. 제 자식 말 잘 듣는 노예로 만들어 제멋대로인 재벌에 상납하려고 이토록 기를 쓰는 부모들, 오직 이 나라에만 있을 겁니다.

기업의 부도덕, 비윤리 경영보다 중고등학생 머리카락 길이와 색깔을 더 중요하게 여기는 문화. 단원고 아이들에게 고통스러운 학창 시절과 참혹한 죽음을 안겨준 건, 바로 이런 문화입니다.

어려울 때 친구가 진짜 친구고 상대가 어려움에 빠져도 변치 않는 사랑이 진짜 사랑입니다. 고통받는 이웃에 대한 사랑이 애국심입니다. 애국심은 측은지심이자 이타심입니다.

진짜 애국심은 절대로 저열한 인격에 뿌리 내리지 않습니다. 저열한 인격이 키워내는 건 비루한 탐심과 욕심뿐입니다. 교활한 자들은 그걸 애국심으로 포장하고, 무지한 자들은 그게 진짜 애국심인 줄 압니다.

20140904

구도와 탐욕

"모두가 행복한 삶을 누리는 나라를 만들기 위해 최선을 다하겠다."
_박 대통령
지금 가장 불행한 처지에 있는 유가족들의 애원부터 들어주시죠.

모두가 행복한 나라 바라지도 않습니다. 그저 불행한 사람 조롱하고 모욕하며 비방하는 '패륜의 나라'만 아니면 만족하겠습니다. 패륜의 나라에서 행복할 수 있는 건, 패륜아들뿐입니다.

예수는 광야에서 40일간 단식했고 악마는 그런 그를 유혹했습니다. '단식'은 동물적 본능을 극복하려는 '구도'의 표상이고, '폭식'은 짐승만도 못한 자들의 '탐욕'의 표상입니다. 광화문 광장은, 인간성이 짐승에게 조롱당하는 참담한 시대의 표상입니다.

절절한 마음으로 단식하는 사람들 옆에서 음식으로 그들을 유혹하고 조롱하는 무리. 성서의 텍스트가 현실에서 되풀이되는 걸 보면서도 그런 무리를 지지하는 일부 기독교인들. 악마가 예수의 이름을 참칭하는 시대.

20140905

서로의 달

"진상 규명이 확실하게 되고 책임 소재가 밝혀지는 데서부터 유가족 여러분들이 조금이라도 상처를 위로받을 수 있다." _2014년 5월 박근혜

지금 대통령을 모욕하고 있는 사람은, 바로 대통령 자신입니다.

예전엔 추석 달을 보고 고향의 어머니 얼굴을 떠올린다고들 했습니다. 하지만 이번 추석엔 달을 보며 먼저 간 어린 자식 얼굴 떠올릴 부모가 너무 많습니다. 잠깐이라도 그런 부모 마음 생각하는 한가위였으면 합니다.

정조는 자기 호를 '만천명월주인옹'이라 지었습니다. 달은 하나이나 만 개의 시내에 고루 비치듯, 사람 차별하지 않고 두루 보살피겠다는 의지를 담은 거죠. 그런 지도자를 갖지 못한 불행한 시대이니, 우리 국민끼리라도 서로의 달이 돼야 하지 않을까요?

세월호 유가족 때문에 나라가 엉망이 됐다고요? 나라가 엉망이라 세월호 참사가 일어난 겁니다.

유가족이 나라의 발목을 잡는다고요? 나라의 발목을 잡는 건 참사를 하루빨리 잊고 참사 이전과 똑같은 상태로 되돌아가야 한다고 주장하는 자들입니다.

기억하기에 반성하고 반성하기에 변화합니다. 잊어버리면 반성하지 못하고 반성이 없으면 변화도 없습니다. 지금 세월호 참사를 빨리 잊으라고 주문하는 자들은, 또 다른 참사를 준비하는 범죄 음모자들입니다.

'폭식투쟁'이라는 말이 떠도는데, 단식하는 사람 옆에서 폭식하는 건 조롱이자 야유이며 린치일 뿐입니다. 깡패와 양아치가 죄 없는 사람 일방적으로 괴롭히는 건, '투쟁'이 아니라 '폭행'입니다. 그러니 '폭식폭행'이 맞는 말입니다.

나치 치하에서 유대인을 학살한 독일인들도, 남경에서 대학살을 자행한 일본인들도, 당대에는 '애국자'를 자처했습니다. 반인륜 범죄자들이 '애국자'로 행세하는 나라는, 인류의 양심이 침을 뱉는 범죄 국가가 됩니다.

공공연한 패륜 행위로 '애국심'을 표현하려는 자들이 많아지는 건, 이 나라가 패륜의 나라로 가고 있다는 뜻입니다. 패륜은, 권력의 뒷받침 없이는 공공연히 표출되지 못합니다.

20140906

140자로 시대를 쓰다

선량한 악마

파시즘, 별것 아닙니다. "무슨 짓을 해서라도 돈만 벌면 돼"와 "아무리 참혹한 일이 벌어져도 나만 안 당하면 돼"라는 생각으로 국론이 대략 '통일'되면, 그때부터 눈앞에 생지옥이 펼쳐지는 겁니다.

위안부를 죽여 인육을 먹은 일본군과 단식하는 유가족 옆에서 '폭식폭행'을 자행한 것들 사이엔 별 차이가 없습니다. 인간을 살인 악귀로 만드는 가장 강력한 마약은, 인륜과 도덕 성분을 빼버린 짝퉁 애국심입니다.

광화문 폭식폭행은 일베의 애국심이 광장으로 나온 게 아닙니다. 사이버 세계에 갇혀 있던 온갖 패륜적 망상과 잔인한 범죄 충동이 애국의 탈을 쓰고 광장으로 나온 겁니다. 패륜아들에게 '애국자' 완장을 달아주는 사회에선, 패륜이 모범이 됩니다.

단식하는 유가족 옆에서 폭식한 자들을 '선량한 시민'이라 두둔하는 자들이 많네요. 관동대학살을 자행한 일본인들도, 유대인을 학살한 독일인들도, 자기들이 선량한 시민이라 믿었습니다. 약자에 대한 폭행이 선량한 행위로 보이면, 이미 '평범한 악마'입니다.

"아이히만은 악하지도 유대인을 증오하지도 않았다. 히틀러에 대한 맹목적 충성에서 관료적으로 기계적 의무를 충실히 수행했을 뿐이다." _한나 아렌트

자기 행위의 범죄성을 인지하지 못하면서 충성심만 가진 자는 누구나 '선량한 악마'가 될 수 있습니다.

"인간 괴물이 아주 없지는 않다. 하지만 그 숫자가 많지 않아서 그리 위험하지 않다. 실제로 위험한 사람들은 보통 사람들이다. 아무런 의문도 품지 않고 기계적으로 믿고 행동하는 사람들이다." _프리모 레비

스스로 생각하기만 한다면, '사람이 할 짓'과 '사람이 해서는 안 되는 짓'을 쉬 분간할 수 있습니다. '선량한 악마'를 만드는 건, 언제나 스스로 생각하기를 포기한 '맹목적 믿음'입니다. 진짜 악마는 신심이 충만한 선량한 사람들에게 기생합니다.

20140907

진상과 기억

음식을 먹으면 졸리는 이유는, 위장의 활동량이 늘어나면 뇌가 활동량을 줄이려 하기 때문이랍니다. 지능과 이성을 마비시키는 건 탐욕입니다. 탐욕이 지배하는 사회에선, '무식'과 '무지막지'가 표준입니다.

유관순 죽음의 진상은 그가 죽은 지 28년이 지나서야 밝혀졌습니다. 일제강점기에는 그의 친척과 친구 말고는 그를 기억하는 사람이 거의 없었습니다. 하지만 그는 이제 일제 식민 통치의 야만성을 증언하는 민족적 상징이 되었습니다.

역사교과서에 유관순 이름이 빠졌다고 난리치면서도 세월호 희생자들은 빨리 잊어야 나라가 '정상화'한다고 주장하는 자들이 많습니다. 나라를 '정상화'하려면, 진상을 밝히고 잊지 않아야 합니다. 사실을 은폐하고 잊어버리면, '비정상'인 채로 남습니다.

20140909

돈으로
안 되는 것들

100여 년 전 일제가 석굴암을 '복원'한 뒤로, 본존불상에 물이 맺히기 시작했습니다. 우리는 일제의 '엉터리 복원'을 비난했지만 숭례문을 엉터리로 '복원'함으로써 그럴 자격을 잃었습니다. 이러니 "일제강점기가 좋았다"는 자들이 활개를 치는 거죠.

돈만으로 안 되는 것도 많습니다.
하지만 돈이면 안 되는 게 없다는 생각이 지배하는 세상에선,
돈만으로 안 되는 것들의 수준은 계속 떨어지게 마련입니다.
'인간의 품격'과 '문화 수준'도, 돈으로 만들어지는 게 아닙니다.

"문화재 사랑은 말뿐이고 공사비나 챙기려는 것들에게 복원 공사를 맡겼으니 이 꼴이지"라는 사람 많습니다. 그들과 '애국'을 내세워 사욕을 채우려는 자들 사이에 다른 점이 뭔가요? 돈에 영혼을 판 자들이 '애국'을 독점하면, 나라 꼴도 엉망이 됩니다.

20140910

똑같은
놈

병사가 죽으면 일단 자살이라고 발표했다가 부검 결과 외상 흔적이 나오고 여론이 들끓으면 그제서야 재조사하겠다고 합니다. 그래도 진상이 명백히 밝혀지는 경우는 많지 않습니다. 이게 군대의 '진상 규명' 방식입니다. 군대도 정부 기관 중 하나입니다.

증거를 조작해 애먼 사람 간첩으로 몰았다가 조작 사실이 탄로 나도 끝까지 아니라고 우깁니다. 더는 우길 수 없게 된 뒤에야 마지못해 진상의 일부만 밝히고 사과하는 흉내만 냅니다. 이게 국정원과 검찰의 '진상 규명' 방식입니다. 이들도 정부 기관입니다.

정부가 잘못했으니 해경을 해체하고 총리를 교체한다더니 선장과 유병언에게 구조 못한 책임까지 몽땅 뒤집어씌우고는 분노한 여론이 조금 수그러지자 이젠 정부 잘못은 아무것도 없다며 유가족을 탓합니다. 이게 정부의 '진상 규명' 방식입니다.

가만히 있어도 알아서 살려주고,
죽더라도 진상이나 명백히 밝혀주는 나라라면,
"가만히 있으라" 해도 되겠죠.

하지만 가만히 있으면 간첩이 되거나
자식이 맞아 죽어도 자살로 처리되거나
물에 빠져 죽는 세상에서,
어떻게 가만히 있으라고 할 수 있나요?

"단원고 학생들은 가만히 있으라"고 방송하는 자들만 '죽일 놈'이고, "세월호 유가족은 가만히 있으라" 하는 방송하는 자들은 '좋은 놈'인가요? 남을 고통 속에 몰아넣고 "가만히 있으라"는 것들은 다 '똑같은 놈'들입니다.

20140910

140자로 시대를 쓰다

사쿠라

60~70년대에는 소속은 야당이나 암암리에 여당 하수인 노릇하는 정치인을 '사쿠라'라 했습니다. 말고기의 일본어 '사쿠라니쿠'에서 온 말인데, 벚꽃 색깔인 말고기를 쇠고기로 속여 파는 일이 많아 사이비나 변절자라는 뜻이 덧붙은 거죠.

야당 정치인을 '사쿠라'로 만드는 데에는 이권을 주겠다고 회유하거나 약점을 잡아 협박하는 고전적 수법이 주로 쓰였습니다. 요즘 야당에 사쿠라가 재등장했다는 말이 많은데, 사회 전체가 60~70년대로 되돌아간 판국에 어디인들 온전할까요.

사쿠라는 독재를 민주정치로 꾸미기 위한 후진 독재정치의 부품이었습니다. 재생산된 후진 독재정치의 부품들이 각 분야에서 '선진화'를 주장하는 것도 지금 한국 사회의 큰 문제죠. 트랜지스터 시대로 되돌아가는 건 선진화가 아니라 후진화입니다.

20140911

청원경찰
경기장 난입

원세훈 국정원법 위반은 유죄, 선거법 위반은 무죄. 축구장에 청원경찰이 난입해 한쪽 팀 선수들만 폭행했는데, "경기를 방해하긴 했으나 승부에 개입한 건 아니다"라고 판결한 거군요. 판사가 원세훈을 '미친놈'으로 봤거나, 아님 자기 자신이 미쳤거나.

20140911

호갱님

노무현 때는 종부세 낼 처지도 못 되는 주제에 "세금 폭탄 때문에 서민들 다 죽는다"고 펄펄 뛰던 사람이 지금은 "노령연금도 주는데 담뱃값 정도야 더 내지, 뭐"랍니다. **근거 없는 분노도 무식 탓이요, 어이없는 평안도 무식 덕입니다.**

담배세에 이어 주민세, 자동차세, 문화재 관람료 등 줄줄이 인상 예정. "앞으로 2년은 선거가 없기 때문에 지금이 인상의 적기"라는 건데, 달리 말하면 "부자는 세월이 흘러도 안 잊어버리지만 서민은 2년 안에 다 잊어버린다"가 되겠죠. 반박하기 어렵네요.

세금 걷어 4대강에 쏟아부으면서 소방관에겐 변변한 장갑 하나 안 사주는 정권, 300여 명이 죽어가는 걸 뻔히 보면서도 단 한 명도 구조하지 못한 정권. 서비스가 엉망인 가게가 당당하게 요금을 올릴 수 있는 건, 고객들이 '호갱님'이기 때문입니다.

걸핏하면 "그래도 북한보단 낫다"고 주문을 외는 사람 참 많습니다. 개인이든 사회든 비교 대상보다 아주 조금 나은 수준이 그가(그들이) 도달할 수 있는 최대치입니다. 이런 사람들은 세습 왕조의 신민이 될 가능성이 아직 충분한 사람들입니다.

새누리당이 "대통령이 연애했다는 말은 거짓말이라고 생각한다"고 발언한 설훈 의원을 국회 윤리위에 제소한다는데, 대통령이 연애했다는 말이 거짓 말이 아니라고 믿나 보네요. 하지만 그렇게 믿는 사람 별로 없을 겁니다.

이른바 '선진국' 대통령들은 불륜을 저지르고도 큰 문제 없이 직무를 수 행합니다. 독신 대통령이 연애하는 건 죄가 아닙니다. 오히려 '사람을 사 랑하는 법'은 잘 모르면서 '나라 사랑하는 법'을 가르치려 드는 게 문제일 겁니다.

20140912

140자로 시대를 쓰다

추행하는
사랑

"가난뱅이나 부자나 똑같이 내는 세금을 올리는 게 공평한 거지. 부자한테만 더 걷는 건 불공평한 거야. 그럼 누가 부자 되려고 하겠어. 이런 게 빨갱이 사상이라고." _어떤 가난뱅이

부자들의 정부가 '이념 무장'을 강조하는 이유.

"손가락으로 가슴 한 번 찌른 게 무슨 성추행이냐?"와 "국정원 요원이 댓글 좀 단 게 무슨 선거 개입이냐?"는 같은 사고방식에서 나오는 말입니다. 이런 사고방식이 지배하는 사회에선, 추행을 당하고도 항의를 못하고, 항의해도 소용이 없습니다.

성추행이 최근에 늘어난 건 아닙니다. 당하는 사람들이 참고 '가만히 있었기에' 드러나지 않았을 뿐이죠. 권력을 이용한 추행에 익숙한 자들은, 무슨 짓을 당해도 가만히 있는 사람들을 선량한 시민이라 부르지만, 사실 그들은 '추행 사회'를 만드는 공범입니다.

"별것도 아닌 일로 호들갑 떤다"며 성추행 피해자를 비난하고 "유별난 것 만나 재수 없게 걸렸다"며 성추행범을 '위로'하는 막돼먹은 인간, 이 사회에 상상 외로 많습니다. 세월호 희생자 유족들더러 "가만히 있으라"는 자들이, 그런 부류입니다.

늙은 성추행범들의 입에 발린 변명이 "딸 같아서, 귀여워서"입니다. 자기 더러운 욕망의 실현을 '사랑'으로 포장하는 게 버릇이 된 자들 참 많습니다. 그런 자들이 입에 달고 사는 '애국'도, 나라를 추행하기 위한 핑계일 뿐입니다.

20140913

140자로 시대를 쓰다

지시에 따랐을 뿐

아이히만은 "지시에 따랐을 뿐"이라고 변명했지만 처형당했습니다.

선거에 개입한 국정원 요원들은

'지시에 따랐다'는 이유로 아무도 처벌받지 않았습니다.

지시에 따랐다는 이유로 범죄를 용서하는 사회에선,

범죄가 갈수록 극악해지기 마련입니다.

20140915

나쁜 종

노비 제도는 1894년에 공식 폐지됐으나 마땅히 갈 곳이 없는 노비 중에는 계속 종살이하기를 바라는 자도 많았습니다. 노비들에게 자립할 돈을 나눠 주고 내보낸 주인도 있었지만, 대다수 주인은 노비를 계속 부렸습니다.

1910년대에도 서울의 양반 부인들은 "직접 장보러 다니면 자식 혼사에 지장 있다"며, 노비 없이는 일상생활이 불가능하다고들 했습니다. 계몽 지식인들은 이런 폐풍을 없애기 위해 노비무용론을 설파했습니다.

노비무용론의 골자는 이랬습니다. 첫째, 먹이고 입히는 데 돈이 든다. 둘째, 노비들은 장보기 심부름하면서 돈을 슬쩍하는 습관이 있다. 셋째, 질 나쁜 노비들은 주인집의 내밀한 일을 밖에 퍼뜨린다. 이 때문에 집안 망신을 겪고 집에 도둑을 끌어들이는 일이 허다하다.

민주국가에서는 국민이 주인이고 정부가 종입니다.
정부가 지난 5년간 국민의 개인 정보를 민간업체에 팔아
15억 원을 챙겼답니다. 옛날 같으면 멍석에 말려 매타작을
받다 죽어도 할 말이 없는 짓을 한 셈입니다.

140자로 시대를 쓰다

심부름할 때마다 제 주머니 먼저 채우는 종,
주인 속여 쓸데없는 일에 돈 쏟아붓게 하는 종,
돈 부족하다며 더 내놓으라고 주인 협박하는 종,
주인집 정보 팔아 돈 챙기는 종.
이런 종을 부릴 바엔 집안에 도둑놈을 모시고 사는 게 낫습니다.

20140916

시대와 사람

"지금이 어떤 시댄데……"라는 말 종종 합니다. 하지만 문제는 시대가 아니라 사람입니다. 세습 왕조의 신민으로 살려는 사람이 많으면 왕조 시대가 되는 거고. 신분제 사회의 노예로 살려는 사람이 많으면 노예 시대가 되는 겁니다. 역사는 사람이 만듭니다.

이른바 '문명사회'에 사는 사람들은 자기가 오래전에 청산한 과거에 그대로 머물러 있는 상태를 '야만'이라 부릅니다. 군사 독재 시대의 문화로 되돌아가는 건 선진화나 문명화가 아니라 '야만화'입니다. 같은 시간대에 산다고 같은 시대에 사는 건 아닙니다.

"대통령 모독은 국민 모독."
천황제 군국주의의 사생아인 한국적 민주주의가 부활하려 하는군요. 아예 집회 때마다 국민을 존경하는 마음으로 청와대 쪽을 향해 절하게 하는 의례까지 부활시키죠. "덴노 헤이카 반자이!"

대통령을 "육시럴 놈" 등으로 모독하는 걸 보고 시시덕거린 사람과 "대통령 모독은 국민 모독"이라고 엄숙하게 선언하는 사람이 '동일인'이라는 사실, 이런 자기 분열과 이중인격이 국민의 의식을 대표한다는 사실이야말로, 국민 모독입니다.

대통령이 "인터넷에 의혹을 제기하는 누리꾼을 수사하라"고 법무부와 검찰에 지시했답니다. 관리비 비리 의혹을 제기했다고 배우 김부선 씨를 폭행한 아파트 부녀회장과 무슨 '수준 차이'가 있는 건지 당최 모르겠네요.

난방비 0원 아파트의 관리비 의혹을 제기했다고 김부선 씨를 폭행한 그 아파트 부녀회장도 "내게 비리 의혹을 제기하는 건 아파트 값을 떨어뜨리고 주민들의 체면을 손상시키는 짓"이라 생각했을지도 모릅니다.

20140916

교육의 근본

남 괴롭히고 때리고 추행하는 자들은 하나같이 "인내심이 부족하다"느니 "조직 생활에 적응 못한다"느니 하며 피해자의 '정신 상태'를 문제 삼습니다. 정신 상태에 문제가 있는 건 바로 가해자들입니다.

"교육부, 학생들에게 노란 리본 패용 금지 지시."
인간을 짐승으로 만드는 가장 확실한 방법은 측은지심을 버리게 하는 겁니다. 희생자 대다수가 학생인 걸 생각하면 저럴 수는 없을 텐데. 교육부인가요, 짐승사육부인가요?

이광수는 '적을 피하고 먹이를 구하는 기술'을 가르치는 게 교육의 근본이라고 주장했습니다. 그가 사람다움을 포기하고 일본의 주구가 된 건 이런 생각 때문입니다. 사람다움을 가르치는 게 먼저고, 먹고사는 법을 가르치는 건 그다음입니다.

20140917

140자로 시대를 쓰다

공감 능력

폭식으로 유가족을 조롱하다 살짝 밀쳐진 게 참을 수 없이 억울하다고 유가족 처벌을 강력히 원하는 저 젊은 일베 유저. 하늘이 저자에게 은총을 베풀어 정말 참을 수 없이 억울한 게 뭔지, 꼭 가르쳐주기 바랍니다.

"자기가 잔인한 놈이란 걸 아는 잔인한 놈과 모르는 잔인한 놈 중 어느 놈이 더 잔인할까?"
"당연히 후자지. 잔인 개념이 없는 놈은 잔인무도한 짓을 저지르면서도 전혀 죄책감을 안 느끼거든."
몇 년 새 이 나라에 그런 놈 참 많아졌습니다.

사회를 무너뜨리는 건 빈부격차나 신분차별 자체가 아니라 그로 인한 공감 능력의 소멸입니다. "빵 없으면 고기 먹으면 되지"와 "자식 죽은 게 벼슬이냐"는 똑같은 말입니다. 저런 생각을 가진 자들이, 세상에 재앙을 불러오는 해충입니다.

20140918

부도덕의 대표

아파트 부녀회장과 한 패가 되어 자기 집 난방비를 다른 집에 떠넘기고도 당당한 사람들, 이렇게 뻔뻔한 사람들의 '대표'가 존경받을 순 없죠. 그런데 저런 사람들이 이 시대 '보통 국민'입니다. 국회의원도 대통령도, 저런 사람들이 뽑습니다.

경찰이 유병언 못 잡은 걸 반성하는 의미에서 시체 발견 현장 모형을 만들어 전시하기로 했답니다. 현상금 안 주니 돈이 남아 그런지는 몰라도, 진짜 반성해야 할 게 뭔지 모르는 정부를 조롱하는 기념물이 되겠군요.

반성하는 의미에서 유병언 시체 인형을 만들어 전시할 거라면, 세월호에서 숨진 304명의 동상도 만들어 청와대와 정부 청사 주변에 돌려 세워야 할 겁니다. 유병언을 못 잡은 것보다, 한 사람도 못 구한 게 백배 천배 더 큰 잘못입니다.

새누리당이 도덕성 검증은 비공개로 하는 인사청문회법 개정안을 만들었군요. 아예 의약품 포장지에 부작용에 대한 주의사항을 적지 않게 하는 법, 식품 포장지에 유해 성분은 적지 않게 하는 법도 만들지.

140자로 시대를 쓰다

'자격'이란 자질과 인격, 즉 능력과 도덕성을 합한 말입니다. 능력과 도덕성은 하나이지 둘이 아닙니다. 부도덕한 자들의 능력은 부도덕한 짓을 잘하는 능력입니다. 깡패 두목이나 희대의 사기꾼도, 그들 세계에서는 '능력자'입니다.

뇌물, 아첨, 사기, 표절 같은 부도덕한 짓들은 모두 무능력자의 무기입니다. 무능하기에 부도덕해지고, 부도덕하기에 도덕적인 사람들을 미워합니다. '도덕성과 능력은 별개'라고 생각하는 무리는, 사회를 거대한 조폭 집단처럼 만들 뿐입니다.

20140918

유언비어

"사회적 갈등을 조장하고 대립을 유도하는 허위사실 유포 사범은 원칙적으로 구속 수사할 계획."
물론 "노무현이 NLL 팔아먹었다"나 "세월호 희생자 유가족이 이미 수십억을 챙겼다" 따위의 '허위사실 유포'는 해당이 안 되겠죠.

요즘 사람들, 믿고 싶은 건 허위라도 믿고
싶은 건 사실이라도 안 믿습니다.
유언비어는 사회적 갈등과 대립의 표현이지 원인이 아닙니다.
진짜 사회적 갈등을 조장하고 대립을 유도하는 건,
부자 감세, 서민 증세 같은 정책입니다.

집 안에 더럽고 부패한 것들 잔뜩 쌓아둔 채
파리채 들고 설쳐봤자 힘만 빠집니다.
권력에 관한 유언비어를 없애는 근본적이고 유일한 방법은,
권력이 투명해지는 겁니다.

140자로 시대를 쓰다

"유언비어를 날조, 유포하는 일체의 행위를 금한다."

_1974 긴급조치 제1호의 3

유신체제가 이랬기에 망했는지, 이랬어도 망했는지, 생각 좀 해보고 말해야 할 겁니다. 유언비어를 '풍문'이라고도 합니다. 바람과 싸워 이기는 권력은 없습니다.

윗사람이야 아는 게 없어 그렇다 쳐도, 똑똑한 사람들이 모인 검찰이 '유언 비어 전담팀'을 만드는 건 코미디입니다. 바람은 가로막는 것 주변에서 더 거세지게 마련입니다. "시킨다고 다 하냐?"는 바보에게나 어울리는 말입니다.

조선시대 사간원 관리들에게는 '근무 중 음주'가 허용됐습니다. 술의 힘을 빌려서라도 목숨 걸고 왕을 비판하라는 뜻이었죠. 왕조 시대보다 못한 정치를 만드는 건, 시키는 대로 무조건 다 하는 관료 문화입니다. 그런 건, 조폭 똘마니들 전문입니다.

20140919

타락한
로마인의 영혼

검찰, 대통령의 7시간 관련 〈산케이신문〉 기사를 번역한 기자 집까지 압수수색. 땅에 금 그어놓고 "여기 금덩어리 안 묻어놨음" 팻말 다는 건가요?

대통령이 허위사실 적시에 의한 명예훼손 때문에 정 억울해 못 참겠다면, 다른 정치인들처럼 개인 자격으로 유포자를 고소하면 될 일입니다. 검찰이 대통령 개인에게 고용된 해결사인가요?

"누군 하고 싶어 했겠어? 간첩을 못 잡으면 만들어서라도 국민의 나태한 안보 의식에 경종을 울릴 필요가 있는 거야. 공작이 허술했던 게 문제지."
_어떤 자칭 애국자
산 사람을 사자밥으로 던져주고 시시덕거리던 타락한 로마인의 영혼.

국론이 분열돼선 안 된다는 인간 많은데, 도대체 '국론'이 뭔가요? 그보다 이런 주장하는 것들에게 '논리'라는 게 있기는 한 걸까요? 쥐나 메뚜기가 떼로 몰려다니는 건 무슨 '논리'가 있어서 그러는 게 아닙니다.

20140920

아주 작은
부도덕

바른 게 뭔지 알면서도 바르게 살면 손해라는 생각이 지배하는 사회에 선 앎과 삶이 별개입니다. 세상을 망치는 건 희대의 악마가 아니라 평범한 사람들의 아주 작은 부도덕입니다.

아파트 난방비의 진상이 밝혀지지 않았다면 지금 김부선 씨더러 "쓸데없이 분란만 일으키는 성가신 인간"이라 욕하는 사람 많을 겁니다. 김부선 씨는 진상 규명을 위해 2년 넘게 싸웠습니다. 세월호 유가족들이 진상 규명을 요구한 지는 아직 150일도 안 됐습니다.

"양약고구이어병 충언역이이어행良藥苦口利於病 忠言逆耳利於行**."**
옳은 말은 귀에 거슬린다는 건 옛사람들도 알았습니다. 하지만 요즘엔 옳은 말 하는 사람더러 "잘난 척한다"고 비난하는 게 보통입니다. 옳은 말을 싫어하는 사람이 많은 세상은, 그른 방향으로 가게 마련입니다.

20140921

순종

수십만 원짜리 시계를 선물한 여자친구에게 고작 '화장솜'을 선물하고 생색내다가 때리기까지 한 남자. 이 젊은이, 한국적 '권력의 생리'를 제대로 표현했네요. 이런 인간과 3년씩이나 사귀어준 여자나, 한 번 지지하면 죽을 때까지 순종하는 콘크리트 지지층이나.

조선시대엔 여자들에게 "무조건 남자에게 순종하라"고 가르쳤습니다. 이런 가르침이 방탕하고 난폭한 남자들과 평생을 고통 속에 사는 여자들을 양산했습니다. 묻지도 따지지도 않고 '순종'하는 건, 나를 괴롭히고 상대를 망치는 지름길입니다.

모든 권력은 자기에게 '순종'하는 게 '애국'이라고 주장합니다. 하지만 '순종'하는 국민은 권력을 포악하게 만들고 자기 자신을 괴롭히며 나라를 망칠 뿐입니다. 상대에게 순종하는 게 사랑이 아니듯, 권력에 순종하는 것도 애국이 아닙니다.

공공장소에서 말썽부리는 아이 나무라는 사람에게 "애가 그럴 수도 있지. 네가 뭔데 내 아이 기죽여?"라며 되레 큰소리치는 부모 많습니다. 제 딴엔 '자식 사랑'인 줄 알겠지만, 사실은 망치는 짓이죠. 이런 식으로 정권을 '사랑'하는 사람도 참 많습니다.

20140924

140자로 시대를 쓰다

오드리 헵번

"운동장에서 우리말 썼다가 선생에게 들켜 죽도록 맞았다. 광복이 뭔지는 잘 몰 랐으나 그 선생 안 봐도 된다는 것만으로도 기뻤다. 하지만 개학하고 학교에 가 니 그 선생이 그대로 있었다." _임권택 감독
이 어린애의 분노가 '소련의 지령' 때문이라고요?

"잘못을 뉘우치며 속죄하는 자세로 살겠다." _인간 친일파
"안 그런 놈 있으면 나와 보라 그래." _인간 이하 친일파
"친일파 청산? 누구 사주를 받았어? 너 빨갱이지?" _짐승만도 못한 친일파
물론 친일파에만 해당되는 등급은 아닙니다.

'반성'은 인간의 덕목이고,
'변명'은 인간 되기 어려운 자들의 습관이며,
'적반하장'은 짐승만도 못한 것들의 특기입니다.
적반하장을 당연시하는 사회에선,
인간은 죽고 짐승만도 못한 것들만 살아남습니다.

오드리 헵번은 나치 당원이었던 아버지 대신
속죄하기 위해 평생 봉사하며 살았습니다.

우리나라에 이런 사람이 없는 건 '민족성' 때문이 아닙니다.
<u>부끄러움을 인정하는 역사가 고결한 사람을 낳고,</u>
<u>부끄러움을 덮는 역사가 파렴치한을 낳습니다.</u>

20140925

140자로 시대를 쓰다

판단의 주체

검찰이 다음 아고라, 오늘의유머 등 포털 게시판을 상시 검열하여 인터넷 뉴스 등을 단순히 퍼 나른 이에게도 법률적 책임을 묻겠다고 밝혔습니다. 정보의 진위 판단은 분명히 이용자가 책임질 몫이라는 거죠?

허위 문서를 날조하여 애먼 사람 간첩으로 몬 국정원이야 그렇다 치고, 그 허위 정보에 대한 '진위 판단' 없이 기소했던 검찰은 어떤 '법률적 책임'을 졌나요? 자기가 하면 "나도 속았다"고 남이 하면 "법적 책임을 묻겠다"고요?

20140925

가족주의

자기 아버지 명예를 회복하겠다며 역사교과서 국정화를 추진하는 대통령, 자기 할아버지 명예를 회복하겠다며 친일파 청산은 소련의 지령이었다고 주장하는 공영방송 이사장. 이 나라는 지금 중세 가족주의 시대로 달려가고 있습니다. 이게 바로 '후진화'입니다.

이완용이 총리대신이 되자 온 나라 사람들이 그를 "일신의 영달을 위해 나라를 팔아먹은 매국노"라 욕했으나, 그 친척들은 "가문의 영광"이라며 기뻐했습니다. 나라보다 제 '가문의 명예'를 중시하는 자들은, 나라 팔아먹는 것도 '명예'인 줄 압니다.

일제 때 친일한 대가로 호의호식했으면 그걸로 된 겁니다. 그런 사람들 '명예'까지 지켜주겠다고 역사를 왜곡하면, 굶주림과 싸워가며 독립운동한 사람들이 바보가 됩니다. 순국선열을 바보 취급하는 나라가 잘될 수는 없습니다.

오드리 헵번이 나치 당원이었던 아버지의 명예를 지키겠다고 나치를 두둔했다면, 그의 가문은 치욕을 면치 못했을 겁니다. 죄지은 조상을 두둔하는 건, 가문의 명예를 지키는 일이 아니라 가문 전체에 대대로 씻을 수 없는 치욕을 안기는 일입니다.

부모가 진 빚 떼먹고 입 씻으면,
"도둑놈의 집구석"이라는 욕을 먹어도 할 말이 없게 됩니다.
조상이 진 빚 떼먹고 "빚진 적 없다"고 우기는 거야말로,
조상과 가문을 모욕하는 짓입니다.

그 빚 대신 갚는 게, 진짜 효도입니다.

20140925

퇴행

서북청년단은 '광기가 지배하던 시대'의 표상입니다. 서북청년단의 '재건'은, 이 사회가 다시금 '이념적 광기와 사적 폭력이 지배하는 시대'로 퇴행하고 있다는 징표입니다.

독일인들이 유대인 600만 명을 학살한 건, 그들 개개인이 살인마라서가 아닙니다. 일본인들이 남경에서 30만 명을 학살한 것도, 그들 개개인이 살인마라서가 아닙니다. 권력이 '광기'를 정치적 자원으로 동원하는 시대에는, '살인마'가 표준형이 됩니다.

"사이버 검열로 표현의 자유가 왜 위축되나? 문제없는 글만 쓰면 아무 문제없다."_검찰 깡패가 "까불면 죽는다"고 그래도 까불지만 않으면 아무 문제없는 거군요. 문제는 까부는 건지 아닌 건지 판단할 권한이 깡패에게 있다는 거죠.

"조선인이 우물에 독을 풀었다"는 말을 믿고 살인악귀가 됐던 관동대지진 때의 일본인들도, "세월호 유가족이 이미 수십억 챙겼다"나 "문재인이 금 천 톤 숨겨뒀다"는 말을 믿는 지금의 한국인들보다는 수준이 높았습니다. 악마는 무지無知를 좋아합니다.

20140928

140자로 시대를 쓰다

더러운 전쟁

"사이버 모욕죄를 법률로 규정한 나라로는 중국이 있고, 민주주의 국가 중 이를 추진하는 건 우리나라가 처음."_국회 입법조사처

"모범생 중에 양아치짓 하고 다니는 건 우리 애가 처음"과 같은 말이네요. 양아치짓 하면 그냥 양아치인 거예요.

과거 서북청년단이 거리낌 없이 만행을 자행한 것은 정부가 비호했기 때문입니다. 그들은 정부의 '더러운 전쟁'을 대행하는 용역업체였습니다. 서북청년단의 재건을 선언하는 것은, 정부가 '더러운 전쟁'을 재개하겠다고 선언하는 것과 마찬가지입니다.

더러운 벌레는 더러운 곳에서 자랍니다. 서북청년단 재건 선언은, 지난 몇 년간 이 사회가 얼마나 더럽고 잔인한 방향으로 변화했는지를 보여주는 징표입니다. 더러운 벌레와 잔인한 야수가 날뛰는 세상에서, 안전할 수 있는 사람은 거의 없습니다.

20140929

5장

평범과 표준

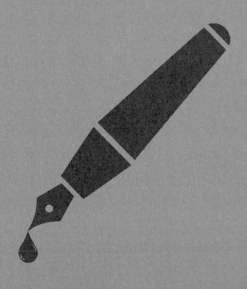

사람 아닌 것들

"사람이 차를 피해야지 차가 사람을 피해야 되겠냐?"

_학생을 치고 그냥 간 교사

차는 무서워서 피하고 똥은 더러워서 피하고……
사람더러 '사람 아닌 것들'을 피하라고 가르치는 시대.
이런 생각이 모여 '사람 아닌 것들'이 지배하는 세상을 만듭니다.

20140930

가만히 있으라

"지하철이나 길거리에서 동영상 보며 가게 하는 게 건전한 사회인 건지 사회 어른 입장에서 얘기를 해봐야 한다."_방통위원장

남에게 폐 끼치지 않는 일인데도 제 입맛대로 못하게 하려 드는 사람이 '사회 어른' 행세하는 사회가 불건전한 겁니다.

"12살짜리 성폭행 피해자가 적극적으로 반항하지 않았기에 가해자의 형을 감경한다."_대한민국 검찰

피해자가 반항하지 않으면 문제되지 않는다는 게 지금 이 나라를 지배하는 철학이죠. 그래서 "가만히 있으라"고 가르치는 겁니다.

가만히 있으면 그냥 당하고, 가만히 있지 않으면 맞고 당하는 사회.

반항하지 않으면 동의하는 거라 생각하고, 반항하면 괘씸하게 여겨 더 잔혹하게 대합니다. 이게 성폭행범의 생리입니다. 나쁜 권력의 생리도 같습니다. 가정에서든 기업에서든 국가에서든.

20141002

삶의 표준

새누리당 의원들이 '재계의 건의'에 따라 법정 근로시간을 사실상 늘리고 연장근무 수당은 삭감하는 법안을 발의했군요. 의식과 생활은 따로 움직이지 않습니다. 박정희 시대의 의식이 지배하는 사회에선, 박정희 시대의 생활이 표준입니다.

이제는 은퇴한 노인들이 박정희 시대를 찬양한 덕에, 한창 일하는 젊은이들이 다시 박정희 시대로 돌아가게 될 모양이군요. 전태일이 분신한 시대가 그렇게 좋은 시대였나요?

"우리 때는 하루 15~16시간씩 일했어. 요즘 젊은 것들, 편한 것만 밝히고 놀 생각만 하니 나라 꼴이 이 모양이지." 이런 말 하는 노인들 참 많습니다. 그러면서도 이만큼 살게 된 게 다 박정희 덕이랍니다. 당신 덕이에요.

하루 15~16시간씩 일하면서 스스로를 성찰할 시간을 갖기는 어렵습니다. 돈과 인성을 맞바꾸는 행위는 언제나 일상생활 공간 안에서 이루어집니다. 사람이 기계나 노예가 되는 건, 결코 자랑스러운 일이 아닙니다.

20141002

140자로 시대를 쓰다

최저임금

새누리당 도의원이 "경험이나 학비 목적으로 일하는 청소년에게 최저임금을 적용하는 건 불합리하다"고 주장했군요. 청소년이 도의원인 줄 아나? 경험이나 경력 쌓기 목적으로 일하는 도의원들 세비라면 최저임금 이하로 깎는데 찬성합니다.

20141005

제왕무치

"카톡 인터넷 상시 모니터링은 인터넷 문화 건전성을 위한 필수 요건."
_새누리당 이장우 대변인

정치를 투명하게 할 생각은 않고 국민들 사생활을 투명하게 만들려 드는군요. 당신들이 돈 내서 국민 전체를 먹여 살리시죠. 하루 7시간만 빼고 투명하게 살아줄 테니.

왕조 시대엔 '제왕무치' 즉 '임금에겐 부끄럼이 없다'고 했습니다. 임금은 똥을 눌 때조차 남의 감시를 받았습니다. 임금 노릇 하고 싶다면 사생활부터 없애야 합니다. 후세를 위해 상시 감시해야 할 대상은, 일반 국민이 아니라 아주 높은 사람들입니다.

왕조 시대의 '제왕무치' 관념은, "왕은 무슨 일이든 다 할 수 있다. 단, 남의 감시하에서만"이라는 의미였습니다. 무슨 짓이든 다 하면서도 '사생활'을 누릴 수 있는 건, 귀신뿐이었습니다.

20141006

140자로 시대를 쓰다

10원에 한 대

"사생활을 더 잘 보호해준다는 텔레그램 사용자가 늘고 있다."_MBC 뉴스
'더 잘'은 비교 대상이 잘할 때나 쓸 수 있는 말이죠. 카톡이 사생활을 잘 보
호해준다고요?
나쁜 언론은 작은 트릭들만으로도 세상을 망칩니다.

대학생을 중학교에 재입학시키면 키도 다시 무럭무럭 자랄 거라 믿는 인간
은 없습니다. 하지만 박정희 식으로 정치하면 경제도 다시 고도성장할 거라
믿는 인간은 참 많습니다. 앞이나 뒤나, '정신 나간 것들'이긴 마찬가집니다.

"자기만 떳떳하면 사이버 사찰이 무슨 문제냐?" 이따위 생각이 지배하는 사
회에선, "주머니 까봐. 돈 나오면 10원에 한 대씩이다"라고 윽박지르는 양아
치 청소년들이 자라는 게 지극히 당연합니다. 현재의 양아치 마인드가 미래
를 결정합니다.

20141007

국론 분열 방지

"검찰의 사이버 모니터링은 국론 분열 방지를 위해 반드시 필요한 시스템."
_새누리당 권은희 대변인

'국론 분열 방지'를 위해서라면 새누리당이 솔선해서 해체하는 게 옳죠. 정당이야말로 '국론 분열'의 상징 아닌가요?

'국론 분열 방지'를 위한 가장 좋은 방법은 대통령 친위조직만 남기고 모든 정당, 사회단체를 다 해산시키는 거죠. '국론'을 통일시켜야 한다는 믿음이야말로, 정당정치와 민주주의를 말살하려는 의지이자 일본 군국주의와 유신의 정신입니다.

국민의 사생활을 감시하고 침해하는 게 '국익'이라고 주장하는 정권이라면, 빨리 망하는 편이 낫습니다. 북한을 비롯한 일군의 '독재국가' 정권을 두고 하는 말입니다.

"국산 카톡 대신 외국산 텔레그램을 쓰는 건 국익에 반하는 일."
_새누리당 대변인
"단통법으로 단말기 값이 올라도 서민들은 중국산 저가폰 쓰면 된다."
_방통위원장

도대체 어쩌라는 건지…… '국익'을 위해 바보가 되라는 건지, 미쳐달라는
건지.

내일은 한글날입니다.
한국이 근대화한 건 일제 식민 지배 덕이라는 사람들, '한국놈들'
은 무조건 '강하게' 다스려야 한다고 믿는 사람들,
세계 최고의 문자를 만들어낸 문화 역량과 정치의식에 대해
생각 좀 해보기 바랍니다.

20141008

쥐새끼

목욕탕에 몰카 다는 주인은 나쁜 놈입니다. 그런 목욕탕인 줄 알면서도 계속 다니는 놈은 미친놈이거나 한심한 놈입니다. 끔찍한 세상은 언제나 나쁜 놈, 미친놈, 한심한 놈들의 합작품입니다.

옛날엔 "낮말은 새가 듣고 밤말은 쥐가 듣는다"고 했습니다. 사실은 남의 말 엿듣는 것들을 새와 쥐에 비유한 거죠. 일제강점기 밀정들을 '쥐새끼'라 부른 것도 그 때문입니다. 쥐새끼가 득실거리는 곳에선, 사람이 결코 사람답게 살 수 없습니다.

사람들의 사사로운 대화에 편의를 제공하겠다던 기업이 대화 내용을 엿듣고 일러바치는 '쥐' 노릇이나 하고, 정부 기관은 그런 '쥐'들을 부려 국민의 생각을 감시하고…… 이런 시대엔 쥐가 사람을 종으로 부리고, 사람이 쥐만도 못한 대접을 받게 됩니다.

"걸리지 않을 말만 하면 되지"라 생각들 하지만, 어떤 말이 걸릴지 모르기 때문에 '걸릴 우려가 있는' 말까지 못하게 됩니다. 생각하고 말할 권리는 계속 줄어들어, 결국 시키는 대로만 생각하고 말하는 기계가 됩니다. 기계는 자존심도 죄의식도 없습니다.

"정부를 탓해야지 왜 시키는 대로 한 우리를 탓하나?"_카톡 대표

"시키는 대로 했을 뿐"은 유대인 학살의 실무 책임자였던 아이히만이 한 말입니다. 한나 아렌트의 말대로, **악은 시키는 대로 하는 '평범한' 사람들의 마음에 숨어들어 세상을 뒤덮습니다.**

아이히만이 남긴 교훈을 아는 트위터사^社는 사용자 정보를 제공하라는 정부를 상대로 소송을 냈습니다. 그 교훈을 모르는 카톡은 그냥 시키는 대로 했습니다. **"시키는 대로 하는 건 죄가 아니다"라는 믿음은, 인간을 기계로 만드는 '인간성에 대한 대죄'입니다.**

20141009

실질 문맹

"바람이 불면 대나무 숲에서 '임금님 귀는 당나귀 귀'라는 소리가 났다. 왕은 대나무를 모두베어 버리고 산수유를 심게 했다. 그러자 이번엔 '우리 임금님 귀는 길다' 소리가 났다." _『삼국유사』 기이편

〈산케이신문〉 지국장은 모자 장인, 인터넷은 대나무숲.

"나이 든다고 저절로 지식이 느는 게 아니다. 나이 들어 공부 안 하면 '무식'이 는다"고 트윗한 적이 있는데, 사실로 입증됐군요. "OECD 국가 중 중장년층의 실질 문맹률이 가장 높은 국가." 이게 작금의 정치 사회 현상 대부분을 설명해줍니다.

황당한 유언비어의 확산을 막는 가장 좋은 방법은, 중장년층에게 책 읽을 시간을 주는 겁니다. 실추된 국가의 명예를 회복하는 가장 좋은 방법도, 중장년층이 책 읽는 습관을 들이는 겁니다.

글씨 쓰는 것과 글 쓰는 건 다른 일입니다. 글씨 읽는 것과 글 읽는 것도 다른 일입니다. 어떤 분이 '실질 문맹률'이 뭐냐고 묻기에…… 문제는 글씨만 읽을 줄 알고 글은 읽을 줄 모르는 '실질 문맹자'들이 절대로 자기 문제를 인정하지 않는다는 거죠.

20141010

하나님의 뜻

"하나님이 세월호를 침몰시켜 국민에게 기회 주신 것."_김삼환 목사

"일본 식민 지배는 하나님의 뜻."_문창극 전 총리 후보

"남북 분단은 하나님의 뜻."_김성주 대한적십자사 총재

이분들께 하나님의 뜻이 늘 함께하기를 바란다고 하면,

축복으로 받아들일까요, 저주로 받아들일까요?

20141010

최고 존엄

한국 신문에 "일본 천황 7시간의 수상한 행적" 같은 기사가 났다 치고, 일본 정부가 그 신문 도쿄 지국장을 기소했다면 우리는 분명 "왕을 모시는 나라 국민은 역시 야만인"이라 비난했을 겁니다. 야만적 행위는, 누가 해도 야만적 행위입니다.

21세기에 '최고 존엄의 행적'을 금기로 삼는 전제군주국에 사는 사람 많지 않습니다. 그 많지 않은 사람 중에 남북한 주민이 나란히 끼어 있다는 사실을 자랑스러워해야 할지……

〈산케이신문〉 기자가 이번 일을 계기로 일제강점기 한국인들이 얼마나 비참한 처지에 있었는지 깨닫기를 바랍니다. 지금 한국 검사의 '최고 존엄'에 대한 태도는, 일제강점기 일본 검사의 태도를 계승한 겁니다. 일본에선 청산됐지만, 여기엔 남아 있는 거죠.

"아버님의 위대한 유산을 물려받은 박근혜 대통령이 령도하는……" _대북 전단 내용
이런 중세적 혈통 숭배, 신민 의식의 소유자 2천만 명이 늘어날 테니…… '통일은 대박.'

140자로 시대를 쓰다

"아버님의 위대한 유산을 물려받은 박근혜 대통령이 령도하는……" 이 표현에 거부감을 느끼지 않는 사람은, 이미 주체사상을 받아들일 마음의 준비가 된 사람들입니다. 민주주의 체제의 근간을 흔드는 건, 바로 이들입니다.

20141010

시선의 주권

청계고가, 아현고가, 서울역고가…… 근대화의 상징이던 도시 구조물들이 사라지거나 유물이 됐습니다. 70년대를 '역사의 서고書庫'로 보내는 의식이 진행 중인 거죠. 이제 "70년대식으로 살자"는 건, "조선시대식으로 살자"는 것과 다를 바 없습니다.

죽은 자가 저승에 가지 못하면 구천을 떠도는 악귀가 된다고 합니다. 혈통 숭배 의식이나 식민지 노예 의식, 개발지상주의 같은 구시대의 의식도, '역사'로 만들지 않으면 산 사람을 괴롭히는 악귀 노릇을 합니다. '청산'은 '역사화'와 같은 뜻입니다.

하루 공원이 된 서울역 고가차도에 다녀왔습니다. 공원화에 반대하는 사람도 많지만, 숭례문과 서울역사, 약현성당을 한 지점에서 바로 조망할 수 있어서 개인적으론 무척 감격스러웠습니다. 시선의 주권을 회복한 느낌이랄까요?

옛날엔 '군자는 대로행'이라 했지만 요즘은 '차량만 대로행'입니다. 사람은 길 양편으로 밀려났고, 시야도 좁아졌습니다. 동선과 시선이 '편협'해지면 의식도 따라가기 마련입니다. 사람에게 '시선의 주권'을 돌려주는 일상의 공간이, 더 많았으면 합니다.

20141012

140자로 시대를 쓰다

표현의
자유

인터넷 게시판과 SNS까지 사찰해 처벌하겠다는 정부가
"대북 전단 살포는 민간단체가 하는 일이라 개입할 수 없다"는군요.
앞으로 인터넷 사용하지 말고 삐라나 뿌리라는 뜻인가요?

20141012

심리적
공간

"대통령을 욕해서 국민의 스트레스가 풀린다면 얼마든지 욕을 먹겠다."
"대통령 모독이 도를 넘었다."
이 두 발언이 같은 시간대에 서로 다른 나라 대통령 입에서 나온 말이라면,
한 나라는 선진 민주국가, 다른 한 나라는 후진 독재국가입니다.

공간적으로 '선진국'과 '후진국'만 있는 게 아니라 시간적으로도 '선진시
대'와 '후진시대'가 있습니다. 대통령 욕해도 되는 나라가 선진국이고,
그런 시대가 선진시대입니다. 그래선 안 되는 나라가 후진국이고, 그러
지 못하는 시대가 후진시대입니다.

대통령이 "대통령 모독이 도를 넘었다"고 화를 내는 나라는 '보통의 후진국'
입니다. 대통령이 그런다고 검찰이 인터넷 포탈과 SNS를 '실시간 감시'하여
처벌하겠다고 나서는 나라는 '진짜 심각한 후진국'입니다.

'후진'에서 '선진'으로 '독재'에서 '민주'로 가는 게 정상이고, 제자리에
머무는 게 비정상이며, 거꾸로 가는 건 아주 심각한 비정상입니다. '비
정상의 정상화'는 정부가 국민에게 요구할 일이 아니라, 국민이 정부에
게 요구해야 할 일입니다.

아파트 평수나 자동차 배기량 등 '물리적 공간'이 줄어드는 건 절대로 못 참으면서도, 생각하고 말할 '심리적 공간'이 줄어드는 데에는 무감각한 사람 참 많습니다. 이런 사람이 많은 사회에선, 사람이 '물건'이나 '폐기물' 취급 받는 게 당연해집니다.

다음카카오가 "대화 내용은 개인정보가 아니다"라고 주장했군요. 이건 건보공단이 "진료 기록은 개인정보가 아니다"라 하는 것보다 더 심각한 망발이네요. 다음카카오 경영진의 '정신과 진료 기록'이 궁금해지는군요.

20141013

개같이 벌어
개같이 쓴다

5층에서 음식물을 던져 경비원더러 받아먹으라 했다는 압구정동 모 아파트 주민은 천민자본주의가 지배하는 한국 사회의 표상입니다. 개같이 벌어 개같이 쓰고 남을 개 취급하면서 스스로는 개만도 못하게 되는 것들이 넘쳐나는 사회.

가난한 사람을 짐승 취급하는 자들은 대개 거지 동냥 주는 거나 짐승 먹이 주는 게 '복지'인 줄 압니다. 그러나 진정한 '복지'는, 그런 자들이 행패 부릴 여지를 없애고 고개 들고 살 수 없게 만드는 겁니다.

사람을 개돼지처럼 부리고 학대하며 모욕하는 자들은 모두 인류의 '공적'입니다. 그가 수백만 명을 학살한 독재자이든, 경비원 한 사람을 괴롭힌 졸부이든.

20141013

이박식당

"딸 같아서 캐디를 성추행했다."

"1층에 내려가기 힘들어 경비원에게 음식을 던져줬다."

정신 나간 자들이나 할 변명이지만, 현실세계를 지배하는 건 이런 '병든 정신'입니다. 미친 말이라도 돈 있고 힘 있는 자가 하면 통하는 세계.

아무리 나쁜 짓이라도 처음 한두 번만 범죄, 사고, 일탈입니다. 서너 번 반복되면 '관행'이 되고, 다수가 용인하거나 체념하면 '문화'가 됩니다. 되도 않는 변명과 거짓 사과는 이제 한국의 '고유 문화'인가 봅니다.

"메릴린치 투자에 반대하던 심의위원들, 15분간 정회 후 전원 찬성으로 돌아서." _jtbc

을사늑약 때에도 이토의 위협과 회유에 굴하지 않고 끝까지 반대한 사람들이 있었습니다. 지금 이완용을 비난할 자격이 있는 '지도층'이 얼마나 될까요?

일제강점기 공중변소의 별명은 '이박식당'이었습니다. 나라를 팔아먹은 이완용, 박제순이 '똥개' 취급을 받은 거죠. 하지만 요즘엔 나랏돈 2조 원을 날리고 사익을 챙긴 자들도 당당하니 나라 전체가 '이박식당'이 된 듯합니다.

"이명박 자원외교, 손실만 22조." 세상에 이런 대차대조표는 없습니다. "이명박 자원외교, 국민 손실 22조, 누군가의 이익 22조"라야 맞겠죠.

4대강과 자원외교에 국민 세금 수십조를 쏟아부어 나라를 빚더미에 올려 앉히고도 연평균 성장률 2%. 누가 그러더군요. "삽질만으로 계룡산을 옮기게 했어도 이보단 나았을 거다."

"나도 카톡 쓴다."_황교안 법무장관
이게 모텔 주인이 "나도 몰카 설치된 방에서 잔다"고 하는 것과 뭐가 다르죠?

20141014

140자로 시대를 쓰다

각자도생

대북 전단 살포는 '심리전', 즉 '전투'입니다. 이 지구상에 정부의 개입 없이 '민간단체'가 독자적으로 전선 부근에서 전투를 수행하는 국가는 없습니다. 그들이 민간단체가 아니든지, 대한민국이 국가가 아니든지, 둘 중 하나입니다.

"대북 전단 살포는 민간단체가 알아서 한 일."
"함포사격은 현장 지휘관이 알아서 한 일."
이게 다 "대통령은 세월호 참사에 아무 책임 없다"의 연장선상에 있는 말입니다. 나라를 무정부 상태에 빠뜨리는 건, 대개 자기가 누군지도 모르는 지도자입니다.

대형 참사가 일어나도, 전쟁으로 비화할 수 있는 일이 터져도, 자기가 할 일이 뭔지 몰라 부하들에게 "알아서 하라"는 사람이 이끄는 나라에선, 국민 각자가 '알아서' 살 길을 찾아야 합니다. '알아서 살 길을 찾는' 건, 새나 쥐가 인간보다 잘합니다.

20141015

망각을
촉진하는 무지

"70%가 소비할 능력이 없는데 돈 푼다고 경제 살아나겠나." _김종인

하지만 훗날 나머지 30%는 "박근혜 때가 좋았다"고 선전할 거고,
70% 중 반은 그 선전에 넘어갈 겁니다.

"괴로웠던 과거는 빨리 잊는 게 좋다"고들 합니다.
하지만 빨리 잊기 때문에 '괴로운 현실'을 또 맞이하는 겁니다.
괴로운 역사가 반복되는 건,
망각을 촉진하는 '무지'가 지속되기 때문입니다.

천재는 1%의 영감과 99%의 노력으로 만들어진다지만,
바보를 만드는 데에는 '맹목적 믿음' 하나면 충분합니다.
"안 믿으면 종북"이란 주문 하나면 충분한 사람을 상대로 사기칠 땐,
영감도 노력도 필요 없습니다.

"北간첩, 카톡으로 상부·종북 세력 접선"
사실이라면, 간첩에게 '통신 편의'를 제공한 카톡 사장을 즉각
국가보안법 위반죄로 구속하고, 카톡 서비스 중단시켜야 하는 거 아닌가요?

"대통령 모독이 도를 넘었다. 포털과 SNS를 실시간 감시하겠다."

"사생활 침해 아닌가?"

"간첩이 카톡을 사용한다."

대통령 명예를 간첩이 지켜주는 나라.

20141016

새삼스러운
탄식

"환풍구에 올라가면 위험하니 빨리 내려와라"라고 소리친 사람이
한 명만 있었어도…… 라고 생각하다가,
세월호 안에 있던 사람을
한 명도 못 구한 해경 정장이
"구할 수 있는 사람은 다 구했다"고 큰소리치는 나라에 산다는 걸

새삼 깨닫습니다.

20141019

140자로 시대를 쓰다

복제인간

"탈북자 단체가 대북 전단 살포에 나설 때면 주변 부대가 모두 A급 경계 태세에 들어간다." _군 당국자

이건 정부가 민간단체의 활동에 개입하지 않는 게 아니라 '적극 지원'하는 거죠.

"카톡 사찰을 폭로하여 큰 국가적 혼란을 야기하고 선량한 기업에 피해를 입힌 사람의 보석을 즉시 철회하라." _검찰

'표현의 자유'를 보호하기 위해 전쟁도 불사하겠다는 나라의 검찰 맞나요?

'그'가 원하는 생각을 표현하면 군대까지 나서서 지켜주고, '그'가 원치 않는 생각을 표현하면 검찰이 나서서 수사하고…… 이런 사회에선 '그'가 원하는 대로만 생각하고 표현하는 복제 인간들이 '대량생산'됩니다. 아이히만도, 히틀러의 복제 인간이었습니다.

"근거 없는 사실을 폭로하여 국가에 큰 혼란을 야기했다."
이거 박종철 고문 살인 사건이나 부천서 성고문 사건 때에도 나왔던 말입니다.
공안 기관이 똑같은 성명을 내는 건, 권력의 수준이 똑같다는 의미입니다.

20141020

신물질

경찰이 세월호 참사 진상 규명을 요구하는 전단 살포를 저지한 이유가 "청와대 주변은 비행 금지구역"이기 때문이랍니다. 대통령의 심기를 위해서라면 풍선도 비행물체로 둔갑시키는 사람들이라면, 무고한 사람도 죄인으로 둔갑시킬 수 있을 겁니다.

휴전선 부근에서는 '풍선'이지만 청와대 주변에서는 외형의 변화 없이 '비행물체'가 되는 신물질을 발명한 경찰, 이거 빨리 특허 내서 '창조경제'에 이바지해야 할 겁니다. 이름 붙이는 대로 속성이 변하는 신물질은 이제까진 '신'만이 만들 수 있었습니다.

똑같은 물체인데도 정부가 풍선이라 하면 풍선이 되고

비행물체라 하면 비행물체가 되는 나라에선,

누구도 자기가 '사람'이라고 자신할 수 없습니다.

그런 나라 '사람'들은 언제든

기계 부속품이나 괴물이 될 수 있습니다.

20141020

가장
나쁜
주권자

가장 나쁜 상사는 "멍청하고 부지런한 상사"라고들 합니다.
지금 한국의 주권자들은 세계에서 가장 부지런한 편이지만,
평균적 교양 수준은 어떤가요?
"멍청하고 부지런한 주권자"가
가장 나쁜 주권자입니다.

20141021

맹자의 4덕

"김구는 대한민국 공로자 아니다." _KBS 이사장

이 주장이 맞는다면 안중근, 윤봉길 등도 마찬가지죠. 그런데도 역사교과서에 유관순 빠졌다고 난리치던 언론들이 잠잠하네요. 대한민국 역사를 부끄럽게 만드는 건, 바로 이런 '지도층'과 언론입니다.

교과서에 유관순 이름 석 자가 빠졌다고 대한민국 역사가 뒤집어진 양 호들갑을 떨던 자들이 "김구는 대한민국 공로자 아니다"는 '건전한 역사 의식'이랍니다. 자기가 뭘 주장하는지도 모르는 건, 보수주의자가 아니라 바보입니다.

자기가 뭘 주장하는지도 모르는 건 <u>시비지심</u>이 없기 때문이고,
그러면서도 부끄러운 줄 모르는 건 <u>수오지심</u>이 없기 때문이며,
주제에 높은 자리에 있는 건 <u>사양지심</u>이 없기 때문이니,
이들은 인간이 아닙니다. 인간이 아니니 <u>측은지심</u>도 없는 거죠.

20141022

140자로 시대를 쓰다

이솝우화

개구리 떼가 신에게 왕을 보내달라고 빌었다. 신이 나무토막을 보내주자 개구리 떼는 왕의 위신이 너무 없다며 바꿔달라고 요구했다. 신은 다시 황새를 보내줬다. 개구리 떼는 왕의 우아한 자태에 환호했다. 하지만 황새는 날마다 개구리를 잡아먹었다. _이솝우화

"그녀의 탁월한 점은 옷을 잘 갈아입는다는 거…… 하지만 나라에 재앙이 닥쳤을 때 그녀는 어떤 결정도 내리지 않았다. 그래도 높은 지지를 받는다." 태국의 잉락 총리 얘깁니다. 이솝우화의 개구리 같은 태국인들?

20141023

평범한
한국인

노무현이 안검내반증 치료를 위해 쌍꺼풀 수술 했을 때,
"대통령이라는 게 외모에나 신경 쓰고 지랄한다."
박근혜가 헬스트레이너를 청와대 행정관으로 채용하고
고가의 필라테스 장비를 구입했을 때,
"대통령이 그 정도도 못하나?"
평범한 한국인들.

"대통령이라는 게 외모에나 신경 쓰고 지랄한다."
노무현 때는 이런 말을 공공연히 해도 아무 문제없었습니다.
지금은 어떤가요?
'위축'은 역사의 퇴보에 대한 심신의 반응입니다.

20141028

140자로 시대를 쓰다

문화적
다양성

"생물학적 다양성이 자연계의 회복력을 증가시키는 것처럼, 문화적 다양성은 사회 시스템의 회복력을 증대시키는 능력이 있다. 문화적 다양성을 유지하면 그로 인한 지식과 혁신, 관점이 변화에 대처하는 인간의 능력을 향상시킨다."

_재난 위험 감소를 위한 글로벌 플랫폼 제4차 회의(2013년 5월) 사전 자료 중

'국론 통일'이라는 명목으로 사람들의 생각과 문화를 획일화하려 드는 사회는, 인간성을 억압할 뿐 아니라 재난에도 취약합니다.

질문과 비판과 항변과 저항을 죄악시하는 사회는 변화를 적대시하며, 변화를 막을 수 없을 때는 속수무책으로 붕괴합니다. "시키는 대로만 하면 돼"와 "가만히 있으라"가 도덕률인 사회는, 그저 커다란 세월호일 뿐입니다.

20141029

독살毒殺

부모가 죽으면 땅에 묻고 자식이 죽으면 가슴에 묻는다고 했습니다. 자식 잃고 속이 만신창이가 된 부모들을 향해 패악질을 거리끼지 않는 무리를 보면, '독살스럽다'는 말이 공연히 생긴 게 아님을 알 수 있습니다.

사주에 망신살이 끼었느니 도화살이 끼었느니
역마살이 끼었느니 하며 '살'을 막아보려는 사람 많습니다.
하지만 가장 나쁜 살이 '독살'입니다.
독살스러운 것들은 남을 끔찍하게 해치고 스스로도 짐승이 됩니다.
사람답게 살기 어려워도, 짐승이 되진 맙시다.

20141029

140자로 시대를 쓰다

위대한
한국인

일본인이 등장할 때 일본 국가 틀어준 방송 프로그램은 폐지해야 한다는 열정.
"친일파 청산은 소련의 지령이며, 독립운동가 김구는 대한민국 공로자 아니
다"라는 사람이 공영방송 이사장이라는 사실에는 무관심한 냉정.
이상하게 위대한 한국인.

일본인이 "식민 지배는 한국인에게 축복"이라고 주장하면 다 죽여야 한다고
펄펄 뛰고, 같은 주장을 하는 뉴라이트를 고위직에 임명하면 잘한다고 박수
치고.
국제 기준의 '정상인'이라면 도저히 이해할 수 없을 정도로 이상하게 위대한 한국인.

20141030

'평범한 사람들'의 힘

"임대 세대 거주자는 어린이 놀이터와 경로당 사용 금지."
나라를 내부로부터 붕괴시키는 건 무슨 특별한 불순분자가 아니라
이런 '평범한' 사람들입니다.
나라는, '인간'이라야 만들고 유지할 수 있는 겁니다.

<u>가난한 사람을 대하는 태도가 모두를 대하는 태도입니다.</u> 가난해도 존중받는 사회에서는 모두가 존중받지만, 가난하다고 멸시하는 사회에서는 절대다수가 누군가에게 멸시받게 마련입니다. 가난해서 억울한 게 아니라, 멸시받고 차별당하기에 억울한 겁니다.

남을 차별하고 멸시하는 '기쁨'을 누리는 게 부자의 권리인 줄 아는 사람 참 많습니다. 그런 사람이 많은 사회에선, '부'가 곧 '악'입니다. '부'가 '원한'을 낳는 사회는, 부유해질수록 악해집니다.

20141030

너를 위해

"한국 아동 삶의 만족도 OECD 최하위."

한국어에서 가장 무서운 말은 "이게 다 너를 위해서야"인지도 모릅니다.

한국인들은 평생 수시로 이 말을 들으면서 자라고 늙어, 자살률 세계 1위 노인이 됩니다.

20141103

잔인성

생활고 때문에 자살하는 사람들이 계속 나오는데도, 노인 자살률이 세계 1위
인데도, "복지 과잉 때문에 나라 망한다"는 사람이 참 많습니다.
우리 사회에 정말 '과잉'인 건, '복지'가 아니라 '잔인성'입니다.

"가난해도 얼마든지 행복할 수 있다"는 말,
참 많이들 합니다.
하지만 이 말은 가난을 멸시하지 않는 사회,
복지와 동정을 구별할 줄 아는 사회에서나 할 수 있는 말입니다.

20141103

경주마

'복지'가 대통령의 핵심 공약이었음에도 새누리당 사람들은 "복지 때문에 나라 망한다"고 아우성입니다. 어려운 사람 도와주는 나라가 망하지는 않습니다. 어려운 사람들 상대로 사기치는 나라가 망하죠.

4대강과 자원외교에 40조 원을 쏟아부어도 아무 말 않던 사람들이 아이들 점심 한 끼 때문에 다 망한다고 아우성입니다. 20~30년 뒤, 저 아이들이 노인복지 때문에 다 망하게 생겼으니 4대강 바닥이나 파먹고 살라고 야유하면 뭐라 대꾸하겠습니까?

쓸데없는 곳에 돈 펑펑 쏟아붓고선 자식 세대 밥 한 끼 값조차 아깝다고 하는 부모 세대라면, 늙어서 따뜻한 보살핌 받을 생각은 버리는 게 나을 겁니다. '냉정'으로 키운 자식 세대는, '냉정'으로 보답하기 마련입니다.

한나라당 정권이 4대강과 자원외교에 쏟아부은 헛돈이 얼마며, 의무 급식에 필요한 돈은 얼마인지만 비교해 보여줘도 답이 나올 텐데, 그러는 방송이 없습니다. 그래도 무식이 정당한 건 아닙니다. 보라는 대로만 보는 건, 경주마의 미덕이지 사람의 도리는 아닙니다.

20141106

무관심

"한중 FTA 체결하면 쇼핑 관광 오는 중국인이 줄 텐데,
대책을 세워줘야 할 거 아냐?"
농민들이 반대할 땐 무관심했던 관광업 종사자의 말입니다.
내가 남 사정에 무관심하면, 남도 내 사정에 관심 두지 않습니다.
나를 죽이는 건, 결국 나의 무관심입니다.

20141110

독도

한국 정부, 독도 입도 지원 센터 설치 중단.

일본 시마네 현, 다케시마 홍보관 건립 추진.

일본 정부, 독도에서 노래 부른 한국 가수 입국 금지.

제3국인이 "다케시마는 일본 땅 맞네"라 해도 할 말이 없겠네요.

독립운동가를 모욕하고 부일협력자를 칭송하는 자들,

식민 지배 덕에 근대화했다고 주장하는 자들을 요직에 앉힌 건

일본에 대해 '역사 주권'을 포기한 일입니다.

그다음에 기다리는 건, 대개 '영토 주권' 손상입니다.

20141110

싱글세

조선시대 지방관의 책무인 '수령7사' 중 두 번째는 '호구증' 즉 '인구를 늘리는 것'이었습니다. '수령7사'가 인사고과의 기준이었기에 지방관들은 가임기가 넘도록 혼인 안 한 여성이 있으면 그 부모들을 잡아들여 윽박질렀습니다.

부모들이 "딸을 시집보낼 생각은 굴뚝같으나 가난해서 못 보냅니다"라고 하소연하면 지방관은 그 마을 부자들을 불러 "그대들 마을에 저리 불쌍한 사람이 있는데 인정상 보고만 있을 거냐"며 은근히 혼사비를 대라고 압력을 넣었습니다.

복지부 고위관계자가 저출산 대책으로 '싱글세' 도입을 거론했답니다. 가난해서 결혼도 못하는 사람들에게 세금까지 뜯겠다는 건, 잔인을 넘어 악랄한 정책입니다. 엉뚱한 생각 말고 옛날처럼 부자에게 걷어 가난한 사람 결혼 비용 대주는 게 나을 겁니다.

반값등록금, 비정규직 문제 해결, 무상보육 등 대통령 공약을 지키는 게 '저출산 대책'입니다. 젊은이들을 채무 노예로 만들어 결혼할 꿈까지 뺏어놓고 '싱글세'까지 매기겠다는 생각은, 네로나 연산군도 차마 못했던 겁니다.

140자로 시대를 쓰다

싱글세? 사람이 소냐? 새끼 안 낳는다고 페널티 주게?

사람을 '인적 자원'이라 부르는 것도 모자라
이젠 '축산 자원' 취급하네요.
저런 생각 더 자라게 놓아두면,
얼마 안 가 이 나라 사람 대다수는 진짜 '개나 소'가 될 겁니다.

20141111

현대의 매국

석유공사가 부실 기업 NARL을 1조 1천억 원에 인수하여
4763억 원을 추가 투자한 뒤 200억 원에 매각.
이런 짓을 눈감아주는 게 '애국'인 줄 아는 자들 많은데,
이게 바로 '매국'이죠.
이런 짓에 동조한 자들이 '매국노'들이고.

20141113

140자로 시대를 쓰다

겁장

병사 계급 '용사'로 일원화 추진.
용사는 '용감한 병사'란 뜻이죠.
이왕 계급을 성품으로 대치하는 김에
겁나서 전시작전권 못 받겠다는 장군들 계급도
성품에 맞게 일원화하는 게 어떨까요?
'겁장'으로.

20141114

강적

"최첨단(?) 통영함에 어군탐지기 장착."

북한의 30배가 넘는 국방비를 쓰면서도

북한군이 무서워 전시작전권 못 받겠다는 군 간부들.

저들은 정말 무서운 건 자기들이란 사실을 잘 알고 있나 봅니다.

가장 무서운 적은 언제나 '부패'입니다.

20141120

140자로 시대를 쓰다

직장 생활과
조직 문화

"여자가 직장 생활 하려면 성추행 정도는 참아야지."
어느 요양원 원장이 한 말입니다. 이건 "직장 생활 하려면 아무리 더럽고 나쁜 짓이라도 참고 해야지"라는 생각의 일부입니다. 그래서 이런 자들은 여성만의 적이 아니라 인류의 공적입니다.

"도덕성보다 능력이 우선"이나 "부패해도 좋다. 경제만 살려다오" 같은 생각은 어느 날 갑자기 생기는 게 아닙니다. 일상적 조직 생활 속에서 형성되고 강해지는 거죠. 범죄적 기업 문화와 범죄적 정치의식은 본래가 하나입니다.

부도덕하고 부패한 자들이 자기 회사 직원을 '인간적'으로 대우해줄 거라 기대하는 거나, 그런 자들이 자기 나라 국민을 '잘살게' 해줄 거라 기대하는 건, 어리석음에 기초한 망상일 뿐입니다.

20141121

악한 강자

직원을 성추행하는 간부, 제자를 성추행하는 교수, 노약자석의 임신부를 괴롭히는 노인. 이들은 남자라서 이러는 게 아니라, '강자'는 '약자'를 추행하고 괴롭혀도 된다고 믿기에 이러는 겁니다. **돈과 힘만을 숭배하는 사회에선, 강자와 악당이 동의어입니다.**

20141122

믿음의
척도

"헌금은 자기가 하나님을 믿는 '만큼' 내는 것이다."
내용 자체도 충격적이지만, 이게 한국장로교총연합회 사회인권위원장의
입에서 나온 말이라는 게 더 기함할 노릇이군요.
믿음의 척도는 헌금의 액수라.

신앙심의 척도가 헌금의 액수라면,
당연히 애국심의 척도는 세금의 액수가 돼야겠죠.
안 그런가요?
언제나 애국자를 자처하는 한국 개신교 지도자 여러분?
그런데 세금은 못 내시겠다구요?

20141124

작은 나라,
아파트

자기들이 경비원을 죽음으로 내몰아놓고, 그 때문에 아파트 '명예'가 훼손됐다며 남은 경비원들을 해고한 아파트 주민들. 세월호 구조 최고책임자의 '명예'를 지키겠다며 유가족을 모욕하던 자들과 너무 똑같네요. **모든 국민은 자기 수준에 맞는 정부를 갖는다.**

20141124

적반하장의
윤리

농협에 예금해둔 전 재산이 증발했는데, 농협은 피해 예금주에게 이자까지 내라고 한답니다.

'사자방'에 국민 혈세 100조 원을 탕진해놓고 세금 더 내라는 정부 아래에서는 이런 뻔뻔함이 '기업 윤리'가 되는 거죠.

자기 돈을 안전하게 지켜주리라 믿어 예금하는 거고, 국민 생명을 지켜주리라 믿어 세금 내는 겁니다. 그 기대를 저버렸으면, 사과하고 배상하고 재발 방지책을 내놓는 게 도리입니다. 이 도리가 무너지면, '적반하장'이 윤리가 됩니다.

20141124

문화적
코드

"박물관으로 보내야" _노무현, 국보법 철폐를 주문하며.

"단두대에 올려야" _박근혜, 기업 규제 철폐를 주문하며.

박물관과 단두대는 문화적 코드가 확실히 다르죠. 단두대가 더 좋은 표현이라 느껴진다면, 그게 당신의 문화적 코드인 겁니다.

"정규직에 대한 과잉 보호로 기업이 겁이 나서 신규 채용을 못하는 상황"
_최경환 기재부 장관

비정규직 차별 문제를 해결하겠다는 게 비정규직 처우를 개선하는 게 아니라 정규직 처우를 개악하는 거였군요. '100% 대한민국'을 만드는 창조적 방법.

최저임금 지급 때문에 경비원들을 해고하는 아파트가 많답니다. 그런 아파트 입주민들 중에도 '해고 위협' 앞에서 불안해하는 사람이 있겠죠. 비용 절감하겠다고 경비원을 함부로 해고하는 사람들이, 직원들 해고하는 사장을 어떻게 비난할 수 있을까요?

경비원은 사람 취급 안 하면서 자기는 사람대접 받으려 들고, 경비원은 함부로 해고하면서 자기 직장은 보장받으려 들고…… '나쁜 사용자'는 다른 '나쁜 사용자'를 비난할 수 없습니다. **세상을 망치는 건, 평범한 사람들의 극히 평범한 이중성입니다.**

20141126

거만한
청지기

"철밥통 끼고 있는 놈들 그냥 두면 안 돼."

이런 생각 가진 사람들이 널린 나라에선, "정규직 해고하기 쉽게 해서 비정
규직과 격차를 줄인다"는 발상이 정상입니다. 주인 밥그릇에 관심 두지 않
는 건, '착한 개'와 '좋은 노예'가 공유하는 덕목입니다.

"비정규직과 같은 식당 쓸 수 없다"는 정규직도 많습니다. 옛날 종놈 중에도
청지기가 벼슬인 줄 아는 것들 많았습니다. 하지만 상전 눈에는 청지기나
마당쇠나 그놈이 그놈이었습니다. 마당쇠 깔보는 청지기나 비정규직 깔보는
정규직이나, 그놈이 그놈입니다.

간접세 비중이 높아지고 언론 자유가 위축되고 고용이 불안정해지고 가계
부채가 늘어나는 걸 '선진화'라고 주장하는 자들이 꽤 많습니다. 미쳤거나
무식하거나.

20141127

십상시 十常侍

언론들이 대통령 측근을 '십상시'로 표현한 청와대 내부 문건을 보도하면서
"십상시는 한漢나라를 망친 주범"이라고 알려주는데,
한나라를 망친 진짜 주범은 너무 어리석어서
'십상시' 따위에게 의존한 황제였죠.
십상시가 몰락한 뒤엔 동탁이 왔습니다.

20141129

진령군

임오군란 때 장호원으로 피신했던 왕후는 용하다는 무당을 불러 장래 일을 물었습니다. 그는 "조금만 기다리면 다시 중궁전에 앉으실 것"이라고 답했고, 그 말대로 됐습니다. 감복한 왕후는 그를 서울로 불러 올렸습니다.

왕후는 무당에게 진령군이라는 칭호를 내리고 나랏돈으로 으리으리한 무당집을 지어줬습니다. 그 무당의 몸주가 관우였기에 관우 사당으로 삼아 북묘라 했습니다. 장소는 지금의 성균관대학교 뒤쪽, 88올림픽 생활관 인근이었습니다.

진령군이 북묘에 자리 잡자 왕후에게 줄을 대어 벼슬자리 하나 얻어보려는 저질 인간들이 북묘 앞에 줄지어 늘어섰습니다. 이 무당은 본업은 제쳐두고 이런 저질 인간들과 왕후를 연결해주는 브로커 노릇으로 떼돈을 벌었습니다.

국정을 운영하겠다는 자들이 무당 따위에게 잘 보이려 애쓰고, 무당 따위가 인사에 영향을 미치는 나라가 망하지 않을 턱이 없습니다. 선출되지도 검증되지도 않은 최고위층의 '비선 측근'이 '실세'로 통하는 나라라면, 이미 망한 나라입니다.

20141130

140자로 시대를 쓰다

비정상의
정상화

정부가 즐겨 쓰는 '정상 대 비정상'의 잣대로는 정규직이 정상이고 비정규직이 비정상입니다. '비정상의 정상화'를 외치면서 '정규직의 비정규직화'를 추진하는 건, '정상적'인 정신 상태라면 도저히 할 수 없는 일입니다.

휴대폰 비싸게 사는 일 없애겠다며 싸게 사지 못하게 하고, 비정규직 차별 줄이겠다며 정규직 없애려 들고, 서민 생활 개선하겠다며 간접세만 올리고…… 그런데도 '정무 수행 잘한다'가 50%에 육박. '정상적인 정신 상태'에서 벗어난 건, 정부가 아닙니다.

"문건 유출은 국기 문란…… 속전속결 밝혀야" _박 대통령
남북정상회담 대화록을 유출하여 선거에 이용한 '국기 문란' 조직 범죄단의 우두머리가 누구였죠? 빨리 잡아 엄단하셔야.

대통령 측근 감찰 문건이 유출된 건 엄밀히 따지면 '국기 문란'이 아닙니다. 청와대 기강 문란이죠. 청와대 기강 문란의 최종 책임자도, 청와대 안에 있습니다.

"루머 수준의 문건 때문에 나라의 에너지가 소모돼선 안 된다." _김무성

찌라시에서 본 내용이라며 '노무현 NLL 포기설'을 유포했던 장본인이 지금 누구를 나무라는 건가요? 훈계는 저보다 못한 사람에게나 하는 겁니다.

20141201

140자로 시대를 쓰다

혈통

가정교육 제대로 받으며 자랐어도 누구 아들답지 않은 사람이 있고, 가정교육 제대로 받지 못하고 자랐어도 누구 딸다운 사람이 있습니다. **'혈통'에 집착하는 중세적 관념만 버려도, 세상이 한결 나아질 겁니다.**

20141202

식인종

메이저 언론들이 '대통령 측근 국정 개입 의혹 사건'을 대통령이 불러준 대로 '청와대 문건 유출 사건'이라고 받아씁니다. 받아쓰기는 초등학생 때나 하는 겁니다. 이 사건은, 저열하고 비루한 '한국 언론의 정체 노출 사건'입니다.

사원 모집 공고문에 "전라도에 본적을 둔 사람 지원 불가" 조항을 넣은 남양공업 사장은 지역차별주의자일 뿐 아니라 반인간주의자입니다. 사람을 '음식물'로 보기에 '원산지'를 따지는 거죠. 이런 '식인종' 무리가 행세하는 사회가 야만 사회입니다.

전라도 사람 차별하는 게 저 잘난 증거인 줄 아는 멍청이들 참 많습니다. 그거, 예전 일본인들이 조선인 차별하면서 느꼈던 감정입니다. 살인악귀로 타락하여 인간성을 더럽혔던 게 바로 그런 자들이었습니다. 차별 의식은 사람을 악귀로 만듭니다.

20141203

140자로 시대를 쓰다

단군 이래 최고

"이명박 대통령은 이승만, 박정희, 세종대왕, 정조대왕 다 합쳐도 반만년 역사에서 최고."_2010년 김문수

"박근혜 대통령은 천년 만에 나온 여왕. 일본, 중국, 미국에도 여성 지도자는 없었다."_2014년 김문수

단군 이래 이런 사람이 있었는지……

초대 내무장관을 지낸 윤치영은 5·16 쿠데타 직후 박정희를 "단군 이래 최고의 지도자"라고 불렀다가 '단군 이래 최고의 아첨꾼'이란 별명을 얻었습니다. 이제 윤치영 씨 별명을 바꿔야 하겠네요.

언론들이 리설주, 김설송, 김여정 같은 이름들로 북한의 권력 서열과 파워 게임을 설명할 땐 북한 후지다고 비웃던 사람들이, 정윤회, 박지만 같은 이름들이 나오니까 빨리 덮어야 나라가 안정된답니다. 그렇게 '안정'되면, 북한처럼 되는 겁니다.

20141205

덮어두기

"장관까지 지낸 분이 나라를 혼란스럽게 하는 일에 동참하는 게 개탄스럽다."
_새누리당 김재원

정말 개탄스러운 건, 저렇게 생각하는 국민이 많다는 사실이죠. 더럽고 냄새나는 건 덮어두는 게 능사인 줄 아는 국민들은, 더럽고 냄새나는 나라에서 살 수밖에 없습니다.

역사 드라마나 영화를 많이 보면 뭐하나요?
주권자 눈 가리고 귀 막는 게
신하의 도리라고 주장하는 뻔한 '간신'조차 분간하지 못하는데.
왕조국가든 민주국가든,
나라를 망치는 주범은 '간신'을 중용하는 주권자입니다.

20141206

나합

자격 없는 사람이 국정에 개입할 수 있는 건,
그 사람 때문이 아니라 그 사람 말을 들어주는 사람 때문입니다.

철종대 영의정 김좌근에게는 나주 기생 출신 첩이 있었는데, 별명이 '나합'이었습니다. 나합은 '나주 합하'의 준말이며, 합하는 각하보다 한 등급 위의 사람에게 붙이는 존칭이었습니다. 기생첩이 '합하' 존칭을 받은 것은 역사상 이 사람이 유일합니다.

어느 날 김좌근이 첩에게 물었습니다. "사람들이 자네더러 나합이라 하는데, 무슨 연고인가?" 나합이 대답하기를, "사람들이 비속어로 여자를 조개라 하지 않습니까? 제 고향이 나주이니 나주 조개라는 뜻으로 그러는가 봅니다"라 했습니다.

기생첩을 '합하'로 만든 건 기생 자신이 아니라 그의 부탁이면 뭐든 들어준 김좌근이었습니다. '국기 문란'의 주범도 나합이 아니라 그의 청탁대로 벼슬자리 함부로 나눠준 김좌근이었습니다. 기생첩 따위가 홀로 '국기'를 문란케 할 순 없습니다.

임금은 '전하', 영의정은 '합하'였습니다. 김좌근은 사람들이 자기 첩을 자기와 동급으로 대하는 걸 알면서도 그냥 넘어갔습니다. 황당한 짓은 나합이 많이 저질렀지만, 그래도 많은 사람들이 '안동 김씨 세도정치 때문에 조선이 망했다'고 기억합니다.

20141207

140자로 시대를 쓰다

작은
독재자

대한항공 세습 부사장이 자신에 대한 서비스에 불만을 품고 승객의 안전은
도외시한 채 비행기를 후진시켜 사무장을 내리게 했군요. **독재는 혼자 하는
게 아닙니다. 이런 작은 독재자들이 독재 체제를 떠받치는 기둥입니다.**

'대통령님'이라 하면 대통령의 격이 떨어지는 줄 알고 '각하'라 부르는 얼간
이들이 참 많은데, 폐하 전하 저하 합하 아래가 각하예요. '총독 각하' '사단
장 각하'라 부르던 폐습을 못 버린 시대의 지진아들. 지금이 왕조 시대인가
요? 차라리 폐하라 하지.

"자신이 가진 권력과 자신을 동일시한다. 그래서 사회적 통념이나 도덕보다
자기 욕구를 앞세운다." 성추행 교수의 심리에 대한 정신과 의사의 분석인
데, 이 말이 꼭 성추행 교수에게만 해당할까요? **독재의 심리가 추행의 심리입
니다.**

20141208

신분제
사회

대한항공이 "부사장에게는 아무 잘못이 없으며, 이번 일을 계기로 승무원 교육을 더욱 강화하겠다"는 내용의 사과문을 발표했군요. 세월호 참사 직후 "대통령에게는 아무 잘못이 없으며, 이번 일을 계기로 국가 개조에 나서겠다"던 정부와 너무 똑같네요.

잘못은 제가 저질러놓고 아랫사람만 나무라는 거,
신분제 시대의 귀족 의식입니다.
'귀족 의식'이 정부와 기업을 지배하는 사회는
아무리 풍족해도 '신분제 사회'입니다.

20141209

다수의
불관용

"나는 당신의 견해에 반대한다. 하지만 당신의 말할 자유를 위해 목숨을 바치겠다." _볼테르

"나는 동성애를 좋아하지 않는다. 하지만 동성애자에 대한 차별과 인권 침해에는 절대 반대한다."

민주주의도 인권도, 기본을 모르면 누릴 수 없습니다.

지배적인 다수가 관용과 배려를 모르는 사회에선, 폭력이 일상화할 뿐 아니라 감지되지도 않습니다. 인류 역사에 씻을 수 없는 오점을 남긴 건, 언제나 '자기와 다른 소수'를 절멸시키려 든 '다수의 불관용'이었습니다.

20141210

대한민국
대한항공

경비원을 모욕하여 자살로 몰아갔던 바로 그 아파트에서 이번엔 다른 입주민이 아버지뻘 경비원을 코뼈가 내려앉도록 폭행했군요. 이 아파트가 '작은 대한민국'입니다. 오너 딸이면 마음대로 비행기를 후진시키고 사무장을 내리게 할 수 있는 대한항공처럼.

"비행기 후진 사건 때문에 '비선실세' 국정 개입 의혹 사건이 묻혔다"는 사람들 많은데, 두 사건은 본질상 같은 사건입니다. 땅콩 때문에 사무장 내리게 한 거나, 승마 국가대표 때문에 문체부 국과장 쫓아낸 거나. 정치와 사회는, 같은 방향으로 갑니다.

"감히 땅콩을 봉지째로 주다니……"와 "감히 누구 딸을 국가대표 선발전에서 탈락시키다니……"는 같은 생각입니다. 이런 생각이 용납되면, 비행기든 사회든 언제고 후진할 수 있습니다.

상위 10%가 전체 소득의 48% 차지.
돈 많은 사람들이 갈수록 오만하고 잔인해지는 건,
바로 이 '격차'를 믿기 때문입니다.

서북청년단 재건, 사제 폭탄 테러…… 100% 대한민국 국민 통합의 시대를 열겠다더니, 정작 열린 건 백색테러의 시대네요. '통합'과 '절멸'은 전혀 다른 겁니다.

20141211

철없음과
어리석음

"저의 여식의 어리석은 행동으로 물의를 일으켜 국민께 진심으로 사과한다."
_한진그룹 조양호 회장

"막내아들의 철없는 행동에 아버지로서 죄송하기 그지없다."
_정몽준 전 서울시장 후보

재벌가 자식들의 공통점은 '어리석음과 철없음'인가요?

자기 아파트 경비원을 모욕해 죽게 만든 자도, 아버지뻘 경비원을 때려 코뼈를 부러뜨린 자도, '철없고 어리석어' 한 짓입니다. 돈만 숭배하는 사회에서 돈은 오만방자를 '철없음'으로, 잔인함을 '어리석음'으로 바꿔주는 마력을 발휘합니다.

"놀러 가다 죽은 애들", "약간의 자살 소동"…… 대통령 편들려 한 말들입니다. 사람의 죽음에 아픔을 느끼지 못하는 성정은, 인간의 것이 아니라 야수와 벌레의 것입니다. 야수와 벌레 같은 것들은, 절대로 사람 편을 들지 않습니다.

20141212

전형적인
한국인

"내리라고는 했지만 비행기 돌리라고는 안 했다."_조현아
"사제 폭탄을 던졌지만 다치게 할 의도는 없었다."_오모 군
2014년, **전형적인** '한국인'들.

20141216

의사義士

사제 폭탄 던진 애를 '의사'라 부르며 칭찬하는 자들이 "다치게 할 의도 없었다"는 구차한 변명에도 동조합니다. 이봉창 의사는 불발탄을 던지고도 사형당했습니다. 산 사람은 '의사'가 될 수 없는 겁니다. 무식하기는.

대의를 위해 무기를 들고 싸우다 죽은 사람이 '의사', 스스로 목숨을 끊거나 맨손으로 항거하다 당당하게 처형당한 사람이 '열사'입니다. 윤봉길은 의사, 유관순은 열사. 구차한 변명 늘어놓는 애를 의사라 부르는 건, '의사'들을 모욕하는 짓입니다.

20141217

140자로 시대를 쓰다

능력보다 핏줄

"군대 가는 건 우리 교리에 어긋난다." "군대 가기 싫으면 감옥 가."
"세금 내는 건 우리 교리에 어긋난다." "암요, 세금 안 내셔도 됩니다."
뭔가 많이 이상하지 않은가요? 국방도 납세도, 국민의 기본 의무입니다.

"기업들은 한 번 뽑으면 평생을 책임지는 두려움 때문에 정규직 채용을 주
저하게 됩니다."_최경환 부총리
그럼 '저출산 대책'은 부모가 어려워지면 아무 때나 자식 내쫓아도 되는 법
만드는 건가요?

"학력서 능력 중심으로 바꾸는 인식 전환 시스템 개발 필요."_박 대통령
자기 핏줄이라고 어리석은 줄 알면서
부사장 시키는 세태가 더 큰 문제죠.
한국에선 능력, 학력보다 핏줄이 제일이잖아요.

20141218

반대할 자유

"나는 당신의 의견에 반대한다. 하지만 당신이 의견을 말할 자유를 위해 목숨을 걸겠다."
무려 300년 전의 말입니다. 이 말의 의미를 모르는 사람은, 민주국가 국민
자격이 없습니다.

"나는 공산당이 싫어요"라고 외쳤다고 사람 죽이는 거, 극악무도한 빨갱이
나 하는 짓이라고 배웠습니다. 같은 이유로 정당을 죽이는 것도, 민주국가
에선 상상하기 어려운 일입니다. 오늘부로 '한국적 민주주의'가 부활했군요.

아무래도 지금 대한민국은 '정치문화적'으로 북한에 흡수통일 당한 것 같네요. '최고
존엄'을 우상화하고, 핏줄의 정통성에 매달리며, 비판과 반대를 용납하지 못하는 자
들이, 진정한 종북 세력입니다.

동성애자 차별에 반대하면 동성애를 권장한다 하고, 통진당 해산에 반대하면 종북
세력이라 하고…… 단순무식한 사람 참 많습니다. 단순무식은, 조폭 똘마니와 노예
의 기본 덕목입니다.

20141219

선무당 굿

노무현 땐 대통령 때문에 경제가 죽었다며 대통령을 "육시럴 놈"이라 욕하던 사람들이, 지금은 경제가 어려우니 죄짓고 감옥에 있는 재벌들 풀어주잡니다. 선무당이 굿을 하더라도 지조는 지켜야죠.

20141226

국기의 지위

"황상 폐하를 위하여 만세를 부르고 황태자 전하를 위하여 천세를 부르고 국기를 위하여 천세를 부르고 전국 이천만 동포 형제를 위하여 천세를 부르고 독립협회를 위하여 천세를 불렀다." _〈독립신문〉, 1898년 9월 12일

국기는 국가의 상징물입니다. 대한제국 시대 국기는 주권자인 황제보다 한 등급 낮았습니다. 민주국가의 주권자는 국민입니다. 해방 직후에도 국민이 국기에 대해 경례하는 건 상인이 자기 상표에 대해 경례하는 것과 마찬가지란 지적이 있었습니다.

'배례'란 절하는 의례입니다. 나라는 사랑의 대상이지 경배의 대상이 아닙니다. 그래서 경국가가 아니라 애국가입니다. 주권자더러 국기에 '배례'하라고 요구하는 건, 국가의 주인이 누군지 모르는 사람이나 할 말입니다.

"부부싸움 하다가도 애국가가 울리니 국기 배례하더라"는 "울다가도 순사 온다고 하니 뚝 그치더라"와 같은 말입니다. 이건 나라를 사랑하라는 말이 아니라 무서워하라는 말입니다. 국민은 나라의 주권자이지 나라의 종이 아닙니다.

20141229

140자로 시대를 쓰다

애국팔이

병들어 인사불성 상태이던 72세 노인이 한밤중에 갑자기 사라졌습니다. 아침에 그의 실종 사실을 안 가족들이 수백 미터 떨어진 국기 게양대 밑에서 그의 시체를 찾았습니다. 그의 이름은 이원하, 때는 1939년, 그의 국기는 일장기였습니다.

당시 조선 총독은 "국기 아래는 천황폐하의 어전"과 같다며 '애국옹 이원하'를 본받으라고 했습니다. 그를 미화한 영화도 나왔죠. 그러자 자기 손가락을 잘라 피로 일장기를 그려 일본 군대에 바치는 얼간이들이 무수히 생겨났습니다.

자기 손가락을 잘라 일장기를 그려 바친 것들은 정작 고통받는 자기 동포들을 위해선 눈물 한 방울 흘리지 않았습니다. 이런 것들이 정말 나라를 사랑했을까요? 사랑하는 척해서 이득을 얻는 건, 제비족과 '자칭 애국자'들의 주특기입니다.

20141230

새해 소망

슬픔과 미안함을 표현하는 것조차

비난거리가 되는 비루하고 잔인한 시대.

여러분 모두 양심이 위축되지 않는 새해 맞으시길 기원합니다.

20141231

140자로 시대를 쓰다